※ ①覺知 ②接納 ③不批判
奧修認為做任何事需有上述三項認知.

白天鵝靜心 穿白袍強調傾聽
並不強調善行需先滿足外在 由外而內.
其能量必定很大

譯者序

獻給

叛逆的靈魂

社會是一個黑白雜陳的地方，如果你沒有很清醒的覺知，很容易就會掉進社會的陷阱。比方說，婚姻制度就是一個最大的陷阱。依我看，至少有一半以上的人不適合結婚，或者是因爲他們的個性不適合婚姻生活，或者是因爲他們並沒有眞正找到一個理想的對象，就爲了社會的壓力、父母的壓力、年齡的壓力、或性需要的壓力等等而冒然跳進婚姻的枷鎖……一定有很多人在婚姻生活的磨鍊下過得不亦苦乎！不錯，痛苦的經驗可以使你成長。

另外有一些人似乎稍微幸運一些，他們夫妻還算恩愛，家庭生活雖然不是以深刻的愛作爲基礎，但過得還蠻平順的……只是，眞正的喜樂在那裡？個人的成長在那裡？暫且不要說我完全反對婚姻制度，如果你有很好的歸宿，我全然祝福你，何況一個人的確需要一個伴侶，兩人互相提攜並進總比單獨一個人要來得有活力，就好像奧修曾經說過的：「那個路途並不是很長，目標也並不是那麼遙遠，但是即使你想要去到鄰居的家，你也需要兩隻脚，只用一隻脚來跳，你能夠走多遠呢？」

然而我所要說明的是：個人的自由應該被賦予儘可能高的價值，換句話說，情人或夫妻不應該是用來束縛對方的自由，而是要協助對方在心靈上有更好的進展……互相協助，而不是互相控制。「愛非常尊敬所愛的，所以它給予自由，如果愛不給予自由，那麼它就不是愛，它是其他某種東西。」

聰明的你，我希望你爲自己爭取最好的自由，不要再做錯誤思想的奴隸，不要再做不當制度下的奴隸，更不要做別人的奴隸，拿出你清醒的智慧，做一個懂得愛心，也懂得靜心的「叛逆的靈魂」。

本書是第一本奧修大師完整的傳記，由他所指定的男門徒維旦特編纂整理而成。維旦特是印度人，曾經在美國拿到文學和教育學博士學位，並曾經執教於加州大學柏克萊分校，他亦曾經擔任奧修國際大學的校長。

奧修一生所表現出來的就是一個「叛逆的靈魂」，但這並不是他的專利，你們每一個人都同樣可以成爲一個「叛逆的靈魂」——活出你眞實的自己。

虔誠地希望他的生平故事可以給你一個很好的啓發，讓你在人生旅途的發展上能夠邁開大步，走向「永恆的道」——永恆的喜悅。

謙達那
一九九三年五月二十六日
於台北

目錄

原序

我第一次在印度普那奧修的社區跟他聚在一堂聽他講道是在西元一九七五年的一月十一日，自從那個時候開始，我就一直感受到他對我持續的愛和慈悲。就在那一次的師徒聚會當中，奧修點化我成爲他的門徒，然後他要我寫一本關於他的書，他的提議使我感到驚訝，我點了頭，在驚奇和深深的感激當中確認了這件事。在參加了十天的靜心營之後，我回到芝加哥。

在一九七九年，奧修要我跟我的家人住在他的社區，這是自從點化之後我一直在渴望的機會。在兩年的停留期間，我非常高興地寫了這本傳記，以及做了一些社區的工作。

我非常感謝奧修國際基金會給了我一切需要的幫助來讓我完成這個工作計劃，他們同時讓我自由地以我自己的方式來寫下奧修一生當中前五十年的故事。奧修本人或社區的其他人都不曾看過我的章節，這完全是我個人單獨對奧修的一生以及他的工作的記載。

我眞的很感謝我的朋友格拉罕，他給了我很多鼓勵和支持，我同時非常感謝馬特金，他投下很多寶貴的時間，給了我很多具有建設性的建議，同時在很多方面幫助我完成這本書。

我同時要對克萊頓卡爾森、瑪莉卡爾森、羅頓、和多薩尼歐致以特別的感謝。

另外，我要感謝幫助我完成這本書的所有門徒們。

男門徒：沙特亞·維旦特

引言

這是一本由奧修親近的門徒所寫下來的奧修正式的傳記。奧修是一位成道的師父，直到一九八一年去到美國之前，他一直都住在印度。他吸引了來自世界各地千千萬萬的門徒。雖然我稱這本書爲傳記，但是這個故事裡面的很多資料是奧修自己講的話，由門徒忠實地錄音下來的。從一九七四年到一九八一年，奧修每天早上的演講加起來共有四千個小時，這些內容都被編輯成書。雖然在這些演講裡面奧修使用了一些自傳式的小插圖來説明和傳達他心靈的訊息，但是他覺得寫一本自傳是沒有用的。有一次，有人問道：「你爲什麼不寫一本你的自傳？」奧修回答：「……眞的説起來，在你眞正知道自己之後就沒有自傳了，所有的自傳都是『自我的傳記』(ego-biographies)，我們所稱的自傳並不是靈魂的故事。只要你還不知道靈魂是什麼，任何你所寫的都是『自我的傳記』。」

筆者試圖要將奧修一生的眞實情況，以及他所經驗到的眞理傳達出來，然而雖然他人生的外在事實有助於傳達這些眞理，但是它們也只能夠傳達一個成道的人如影子般的圖畫。就如奧修自己所解釋的，一個將自己知道成一個靈魂，而不是一個人的人

……會變成某種無形的東西，以致於我們所稱的他的人生的事實，比方說像他的生日這樣的事實，或者是某個特殊的事情發生的日期，這些事實好像就溶解了。所有這些事情都變得沒有任何意義。靈魂的醒悟具有很大的催化作用，在它發生之後，當一個人打開他的眼睛，他會發現每一樣東西都失去了……在一個人知道了自己的靈魂之後，一個人的自傳似乎就變成他自己如夢一般的翻版。它就好像一個人在寫他夢的記錄：有一天他看到這個夢，然後隔天又看到那個夢，然後再隔天又是第三個夢，這樣的自傳並不會比幻象或神仙故事來得更有價值。

儘管我的師父有這樣的看法，我也覺得知道奧修的人生是有價值的。在好幾個世紀裡才會有這樣的一個人出現，他能夠藉著他自己的生活來創造出一種能量，帶領別人進入新的看法，帶領別人去感覺存在的豐富和美，以及去享受人生的奧秘。奧修透過他的愛啓發了千千萬萬的人，使他們脫離他們受到制約的過去，而生活在當下這個片刻——生活在自由和覺知當中。奧修是「醒悟的人」、「成道的人」，是一個透過純粹的意識，而不是透過任何心理的投射看到「那個是的」的人；是一個覺知到神聖力量的源頭就在一個人本身裡面、覺知到痛苦是由頭腦所創造出來的、覺知到頭腦是可以被超越的人。雖然他醒悟的經驗是非言語所能形容的，但是我們對它的一點點了解卻能夠喚醒我們，使我們找到我們自己痛苦的原因，進而幫助我們找到喜悅的泉源，以及找到我們裡面的神性。就如奧修所說的：

……變成覺知經驗的事能夠保持，但是透過經驗而來的東西無法被寫下來，因為將經驗縮減成文字會使它變得很乏味、很荒謬，即使如此，那個想要透

過不同的方法、以不同的方式來描述經驗的企圖還是會存在……我的目的就是要帶領你到那個或許你可以親自去經驗的途徑……最好的方式就是把你帶到那個途徑、帶到那一岸，從那裡，或許有一天可以把你推進你自己可以有那個經驗的地步。

然而我的目的並不是要以任何歷史的背景來評估奧修的教導，或者是以任何一派的思想、哲學、傳統、或運動爲背景來評估。我的目標是就我手上能夠拿到的來自各個不同來源的資料來介紹奧修一生的故事。

我希望這個傳記能夠爲那些對奧修有興趣，以及走在靈修道路上的人來介紹他，除此之外就談不上了。一個人必須透過他的書、演講帶、或錄影帶來了解他，或者最好是親身來接近他而了解他，唯有如此，這些故事才眞正對讀者具有某些意義。

第一章

奧修是誰？

對世界各地的門徒來講，他只是以「奧修」見稱，他是他們的師父，他是一個新的宗教意識的「生之火」，他是一個熾熱的老師，他摧毀了長久以來的神話和信念、傳統和教導。「我教導全然的叛逆，」他宣稱：「我不打算妥協，我已經決定要完全誠實、完全眞實，不論那個代價是什麼。如果我們想要改變社會，社會將會被冒犯。」

他摧毀了傳統的國家主義觀念和種族的優越感，他反駁馬克斯和社會主義的概念，他批評佛洛依德和容格，調侃梵蒂岡的教皇和印度的宗教領袖，他不僞裝他對政客的藐視。印度人譴責他是一個享樂主義者；共產主義者矮化他，稱他爲靈性主義者；新聞記者將他描述爲「性的師父」，奧修將這些標籤一一排除。他說：「我是一個物質的靈性主義者，我教導一種感官的宗教，我希望佛陀和希臘的左巴越來越接近，我的門徒必須是佛陀的左巴，人是身體和靈魂在一起，這兩者都必須被滿足。」

在奧修每天早晨自發性的演講當中，他談到了很多主題：從出生到死亡，以及死亡之後，從政治到祈禱，從核子物理到容格的哲學，從整體健康到新的教育，從性到超意識。從一九七四年以來的超過兩千場的演講裡，奧修透過他的洞見涵蓋了人類對各種可能的靈性探詢，他將各種心靈傳統的訊息以現代的語言和背景傳達出來，他的講題包括禪、蘇菲、道家、和哈希德派的大師，以及佛陀、馬哈維亞、耶穌、老子、莊子、赫拉克賴脫、懷沙格拉斯、卡比兒、和那那克，以及印度的吉踏經、優婆尼沙經、派坦加利的瑜伽經、佛陀的法句經、和密宗譚崔神秘家的詩歌等等。

他的直言無諱和批判性的演講在世界上引起很多憤怒和反對。他對於性、婚姻、家庭、關係等敏感主題的概念打擊了一般習俗和傳統對這些問題的看法，但是大家最不能同意的點還是他所允許他門徒的全然自由。他鼓勵他的門徒完全深入各種人生的經驗，他允許門徒們性的自由，以及像是暴力、嫉妒、佔有、貪婪、恨、和其他構成人類情感的整體的心理狀態。

這樣的自由，特別是有關性方面的自由，是印度人反對奧修的主要原因。多少世代以來，印度的教士和聖人都在教導說神性必須透過對性的拒絕才能夠達成，然而奧修卻持完全相反的看法，他堅稱只有藉著完全經驗性，我們才能夠享受它、了解它，而且，尤其重要的，爲了我們的靈性成長，甚至能夠超越它。他說，超越永遠無法透過拒絕或壓抑而達成，他一再地指出，通往解放或莫克夏之門存在於對我們情慾的經驗和了解——和超越。

奧修舉出甘地的例子來說明無慾和苦行的途徑如何地被誤導。他解釋說：「甘地拋棄了性，他的一生都在壓抑它。」「唯有到了他的晚年，他才覺知到那個壓抑，因爲他對性的幻想還是持續著，然後他開始用譚崔來經驗，但是已經太晚了。」

在誤解奧修教導的當中，人們忽略了奧修一再對門徒的告誡說放縱是危險的。他給了那些想要完全享受自由的人一個嚴格的限制：「我給你們完全自由去經驗，只有一個條件：要警覺、要覺知、要有意識。」

奥修的運動吸引了來自世界各地千千萬萬的人，他們來到他那裡，在一些受過職業化訓練的西方治療師引導下探索他們以前遭到壓抑的感情，以及經驗情感的發洩。這些治療團體的獨特性，以及圍繞在他們周圍的爭議吸引了來自世界各地的人：北美和南美、歐洲、澳洲、紐西蘭、和日本，這個國際性的運動涵蓋了來自各個不同行業的人：律師、醫生、心理學家、教育家、科學家、牙醫師、針炙師、商業人士、各行各業的主管、新聞記者、作家、藝術家、建築師、攝影師、前衛的女性解放主義者、「新時代」的追求者、家庭主婦、和天主教的教士等，大約有百分之四十的門徒是猶太人的後裔。奥修大多數的門徒都是年輕的——大約在二十到四十歲之間，「我想依靠年輕人……」奥修宣稱：

他們排除了各種障礙來到我這裡，未來並不是由老年人所創造的，未來是由年輕人所創造的。當一個宗教是活生生的，它就會吸引年輕人，當一個宗教是死氣沈沈的，它就吸引老年人。當一個宗教是活生生的，當新的光線在照耀，當新的花朵在開放，你就可以在那裡找到年輕人，任何心理上變老的人無法待在這裡，只有心理年輕的人會待在這裡。

在晚間師徒的聚會當中接受點化的門徒就被稱爲「山雅信」（sannyasin），在印度的傳統裡，「山雅信」是一個放棄家庭和物質世界的人，根據印度的儀式，他就變成一個和尚。奧修認爲這個傳統是負面的，是一種逃避，他用他自己的意義來取代它，他眼中的「山雅信」——門徒——是一個接受和肯定生命的人，是一個主動，而且很喜悅地參與生命的人。根據奧修的看法，門徒是一個不放棄家庭、社會、或財產的人，倒是他會放棄對那些東西的執著，他會放棄對那些東西的過份熱衷和佔有，因此這個運動被稱爲「新門徒」運動。（稍後我們會更詳細地介紹這個運動。）

作爲奧修的門徒必須做下列四件事：穿著象徵上升的太陽、新鮮、和成長的橘紅色衣服；帶串珠，串珠底下掛著一個放有奧修照片的小匣子，這可以使門徒經常記住他或她已經託付給奧修；使用一個新的名字，它代表脫離跟過去的認同；以及每天做適合個人的靜心。

奧修給予門徒的新名字，如果是男人，前面要冠以「史瓦米」(Swami)，如果是女人，前面要冠以「瑪」(Ma)。「瑪」意味著母親，它強調具有接受性、敞開、和直覺，根據奧修的解釋，它代表「女人最終的開花」。「史瓦米」這個字意味著「主人」，奧修解釋說：「我稱呼你爲史瓦米只是要指出你的道路——要讓你變成你自己的主人，它並不是要使別人成爲你的奴隸，它只是要你成爲一個主人。」

基於奮鬥和競爭的哲學以及成功和權力的教導，但是已經從這個自我毀滅式的生活醒過來的西方人，他們聽到了奧修的訊息時會特別感到鬆了一口氣，而且由衷地感激。他們的整個意識型態都改變了——從帶有侵略性的積極變成具有接受性，從奮鬥到臣服和高高興興地接受。在最近好幾年以來，西方的心理學已經從分析方式轉變到整體健康的方式，他們已經開始在整合身體和情感。這種新的心理學導源於「人類潛能運動」或「成長運動」。美國人和歐洲人發現成爲門徒可以在他們身體和情感面的追求當中加進心靈的層面。

臣服於像奧修這樣的靈性大師並不是臣服於他個人的力量,它是臣服於以他爲媒介的神性能量。奧修不應該被視爲一個超人,他本身也不認爲如此,他對創造出一個超人的種族沒有興趣。在一個心靈的架構之下,奧修無意要將自己罩以「神」的外衣,他只是要顯示出他是一個覺知到存在的統一和完整,以及超越了所有二分性的人。這樣的一個人已經變得很完整、很神聖。有一次,一個人問奧修說:「你認爲你自己是一個神嗎?」奧修很幽默地回答說:「不,先生,當然不是!即使我是,我也會否認,因爲誰要對這個醜陋的世界負責呢?我無法負起這個責任說我創造了你!那將是眞正的原罪!」

西方人的頭腦很難想像說一個目前活著的人是一個神,或者是具有跟神連結的力量,因爲神被視爲一個創造者,或是一個父親型的人物。神這個角色或許可以被視爲一個人,直接可以跟人接觸,但是祂通常被經驗成一個「別人」,被經驗成是分開的,而且具有一個分開的存在。奧修不以這種二分性的方式來看待這個現象。他解釋說：神並非以這個世界的創造者而分別存在，因爲創造、創造者、和創造性是同一的。他說，整個存在是一體的，整個存在都是神性的，就好像舞和舞者是不可分的，創造和創造者也是不可分的。

對於同樣的問題：「爲什麼你稱你自己爲神？」他回答說：「因爲我存在，也因爲你存在，因爲只有神存在……整體只由一樣東西所組成……如果你能夠在我裡面認出神，你就已經踏出了在你裡面認出祂的第一步。」

奧修從前以「巴關」（Bhagwan）這個名字見稱於世，他解釋說：

「巴關」這個字的表面意義是「神」，但它只是意味著「受到祝福的人」：一個很幸運地能夠認出他自己的本質的人。它跟創造世界無關——我拒絕背負創造世界的責任！它只是意味著一個認出他自己的神性的人。

奧修於西元一九七四年搬到他印度普那的社區（ashram），這個社區座落在普那的住宅區，位於孟買的東南方大約八十英里。在這之前，從一九七〇年到一九七四年，他住在孟買的一個公寓。在那個時候，他就已經以他那烈火般的備受爭議的談論聞名於整個印度，但是在印度以外的地區還不知道他。有一些英國和美國的治療師，他們來到印度找尋有關個人成長新的洞見，他們是在孟買跟奧修接觸的西方人之一，他們發現他是一個成道的神祕家、一個很眞實的人、一個具有愛心的師父，他隨時準備幫助人們超越他們的無意識以及受到制約的行爲模式，而流向佛性或成道的狀態。

成道（Enlightenment）這個字最近在心靈的領域，以及成長團體方面經常被使用。奧修無法對他的門徒承諾成道或喜樂，他說這些必須經由對個人的制約下功夫以及直接面對個人的痛苦才能得到——喜樂和成道是無法被給予或被轉移的。爲了要幫助道上的門徒，奧修設計了很多新的靜心技巧，其中「動態靜心」（Dynamic Meditation）是最主要的技巧。因爲現代人過著一種非常用頭腦和壓抑的生活，因此奧修強調全然的、動態的靜心方法，將整個身體和頭腦全部涉入，並統一起來。它們的目的是要粉碎社會和心理的制約，以及藉著強而有力和發洩性的方法來解除無數的情感和衝動的壓抑，好讓一個人可以經驗到寧靜的靜心狀態。

這個成長運動的管理和控制大多數落在女人的手裡，奧修刻意要讓女人來掌權，他解釋說：「我不想要我的社區由理智來經營。」

我想要它由女人的心來經營，因為對我來講，成為女性化就是成為具有接受性的，成為女性化就是成為被動的，成為女性化就是允許和等待，成為女性化就是不緊張、不匆忙，成為女性化就是處於愛之中。是的，我的社區由女人來經營，因為我想要它由「心」來經營。

西方的新聞記者常常試圖要找出發生在約翰鎮（Jonestown）的宗教性集體自殺事件和發生在奧修周圍的運動之間的類似性。他們會問：「這樣的事會再發生嗎？」

奧修認爲所有正統的宗教都是反對生命的，都是死亡指向的，以他的觀點，約翰鎮的恐怖事件是對生命否定態度的結果，這種態度是由那些制度化的宗教所保存的。奧修對約翰鎮的現象反應如下：

> 我想要向世界上的人說：你們沒有權利譴責約翰牧師，因為那就是多少年代以來你們所有的教會和所有的廟宇一直在教導的。約翰牧師以美國的方式死——快速的死——就這樣而已。只有我可以譴責他……因為我教導生命。

奧修說，他教導他的門徒一種完全不同的死亡——自我的死亡，這跟佛陀和耶穌以及所有其他東方和西方成道的人所教導的是一樣的。他說：「我所要的是頭腦之死，而不是身體之死。」「我所說的是，每一個片刻都死，讓過去死掉，了解每一個片刻都是一個新生，在那種新鮮的狀態下，你將能夠跟神連結。」

隨後的章節將要呈現出一個人生的故事——一個已經經驗過自我之死、已經超越了頭腦、已經達成了「那眞實的」的人的故事。他對人類的慈悲跟他對眞理的熱情同樣地強烈、同樣地廣泛。他不厭其煩地將他自己醒悟的經驗和喜悅跟每一個人分享，跟那些願意聽、那些已經厭倦昏睡、已經從睡夢中醒過來的人分享。

第二章

出生和家庭

奧修的父親巴布拉爾（稍後暱稱達達）於西元一九〇八年生於提馬尼（Timarni）的一個耆那教家庭。目前的提馬尼還是一個小鎮，人口大約有六千人，位於馬德亞．普拉謨西，是印度中部心臟地帶的一個州，也是文德雅查爾山脈的一部分，有一條親切的那馬達河流經該州。

奧修的祖父來自一個大家族，那個家族原來住在一個小鎮叫做巴索達。巴索達曾經被一個瘟疫所襲擊，所有的居民都遭殃，他們家族中有一些人還死在那次的瘟疫當中。有很多人，包括達達的父親和叔叔，跟著他們的家人逃出來，他們逃到提馬尼，那是達達的叔叔的太太娘家所住的地方，達達的姑媽也住在提馬尼，她借一些錢給達達的父親買了一些布，藉著這個幫助，他開始了一個屬於他自己的小生意，他會用他的馬載著布到村子裡去賣。稍後，這個姑媽安排給達達的父親結婚，婚後他們租了一個房子。

隨著家庭的成長，他們的經濟狀況變得越來越重要，達達的父親終於決定要離開提馬尼到其他地方去碰碰運氣。有一天，他將他的所有家當裝在一輛馬車上，跟著他的家人出發到古其瓦達（Kuchwada），那是他太太的父母所住的地方。在提馬尼和古其瓦達之間有一個鎮叫做卡達瓦拉（Gadarwara），他的家人就在那裡落脚，雖然該鎮並不大，但是卻很繁榮，它是該地區最大的穀類生產中心。達達的父親決定要在這個鎮上做生意，所以在一九三四年，他就定居在卡達瓦拉。（當時奧修已經三歲了，但是關於他出生的事，我們在本章的稍後再來談。）

達達和他的父親很勤奮地工作，使他們布的生意做得很成功，奧修的祖父很滿足於他的事業，在處理事情的時候保持著人性。奧修對它有一個很好的記憶：

我記得我年老的祖父，他是一個布的商人，我和我的整個家人都覺得很難了解，因為他很喜歡他的生意，他可以跟客人一次玩好幾個小時。如果某一樣東西值十盧比，他就會要價五十盧比，他明明知道這是荒謬的，他的顧客也知道這是荒謬的，他們雙方都知道說價值大約在十盧比左右，客人會從兩個盧比開始喊價，然後接著就是討價還價好幾個小時，有時候我父親和我叔叔都會生氣……但他還是有他自己的顧客。當他們來，他們一定會問說：「祖父在嗎？」因為跟他買東西是一個遊戲，我們是否損失一兩個盧比，或者它賣貴了，或是賣便宜了，那都不是問題！那些客人還蠻能享受我祖父的方式。

達達想要繼續升學，但是在讀完四年級之後就必須放棄，因爲要幫他的父親做生意，然而他非常鼓勵他的兩個弟弟繼續升學，雖然這有違他父親的希望，他父親希望他們也能夠幫他做生意。達達暗中資助他弟弟阿姆里特拉爾，讓他完成高中教育，然後搬到傑波普市去上專科學校，這事曾經引起達達跟家人的衝突。在一九三二年，阿姆里特拉爾參加由甘地所領導的印度獨立運動，結果被抓起來關進監獄。當達達的父親和其他的家人聽到了這個消息，他們都很震驚。家人被抓去關，光是這個概念就足以引起很大的動盪和不悅，奧修的祖父對達達很生氣，因爲他認爲這件事是達達所造成的，如果達達沒有資助阿姆里特拉爾，他也不會陷入這個牢獄之災。

達達的兩個弟弟，阿姆里特拉爾和西卡謙德，對奧修的早年具有很重要的影響。阿姆里特拉爾在文學上的才能和活動力是奧修早年的偶像，奧修早年就開始藉著寫詩來表達他自己，但是奧修跟小叔西卡謙德比較親近。西卡謙德後來成爲國會黨一個活躍的成員，同時受到國會黨進步的思想所激發，他相信社會主義的觀念，他覺得有責任將它實施在卡達瓦拉鎮，那個觀念影響著年輕的奧修有一段蠻長的時間。他跟西卡謙德組織了幾個年輕人的團體會議，啓發他們接受社會主義的觀念，由於活躍在政治運動的參與，所以西卡謙德念完高中之後就沒有繼續升學。

達達終其一生都非常鼓勵別人升學，事實上，在他自己的家庭裡，他幫助了他的小孩取得醫藥、工程、和科學的學位。

在這個故事裡，描述一下達達個人的特質是重要的，它不僅能夠讓我們多了解奧修的早年，同時也因爲奧修在他的教導裡經常使用他父親的特質來作爲例子。奧修的父親眞的是一個令人喜愛的人，他在卡達瓦拉鎮相當爲人熟知，他是一家之主，是一個生意人、和一個卡達瓦拉鎮的公民。他的簡樸、仁慈、智慧、和幽默感都相當明顯，凡是碰到他的人都會受到他的影響，對他印象很深。

達達具有兩個尤其明顯的特質：第一，他非常喜歡自然，他每天的例行事務包括沿著河流作晨間散步，以及至少在河裡游泳幾個小時。奧修對他父親早年的記憶常常跟那些每天早晨跟父親在一起的散步連在一起。

我想起他的第一件事就是：他會在清晨三點鐘的時候把我叫醒，我當時非常年輕，三點鐘是我正好睡的時候……他會在三點鐘把我叫醒，然後帶我去散步，那是他所給我的第一個禮物——日出之前的神聖時間。剛開始的時候，它實在是非常打擾我，我常常拖在他的後面走……但是漸漸地，我開始去了解和感覺清晨時光的美。漸漸地，我開始了解到，清晨的時間不應該被浪費掉，或許神在其他任何時間都從來沒有像他在這些清晨的時刻那麼接近地球。

第二，達達對每一個人都很友善、很慷慨，奧修對他父親的另外一個早年的記憶是他在朋友和客人身上花了太多太多的錢，雖然他本身並不是一個富有的人。他每天都請客人吃晚飯，即使他必須借錢來請客，他都在所不惜，他人生的目標似乎就是分享。奧修想起一件事：

有一次他虧了很多錢，我問他說他是否能夠負擔得起這麼大的一個損失，他說：「我從來不會虧的，因為我父親只留給我七百盧比，只要那些錢沒有被動到，我就不需要擔心，其他的錢可以進進出出沒問題。這七百塊，」他說：「永遠不能失去。」——他對這一點很確定。我叫他節制他的開銷，但是沒有用——宴會和晚飯還是照常繼續，那個分享的過程從來沒有間斷過。」

達達對幫助需要錢的人也非常有興趣，不管是財務方面或其他方面，他都很喜歡幫助別人。他具有一個進步的思想，隨時準備脫離社會的傳統習慣，即使可能被誤會成駝鳥心態，他也在所不惜。但是最明顯的，達達是一個靈修的人，根據他弟弟阿姆里特拉爾的說法，達達一直被認爲是一個宗教人士，他經常去參訪寺廟、斷食、和讀經，但這些只是外在的方面；在內在方面，他一直繼續在追求那些無法被侷限在廟宇、書本、或宗教儀式的東西。在他人生最後的十年當中，他經常都從早上三點做靜心到六點。達達在他最後的幾年生活在奧修普那的社區，他常常非常深入靜心五、六個小時，直到奧修的母親擔心，要叫醒他來聽奧修早上八點鐘的演講。在某些情況下，達達還是繼續處於靜心之中而錯過了演講。

奧修的母親莎拉史瓦提今年六十七歲。當有人問她關於奧修年輕時候的事情，她都很公開而不造作地回答，她對人家一直問她的問題表示她的感覺：

我不知道為什麼奧修會出生在我們這個單純的家庭，因為人們一直問了很多非常有意義的問題，而奧修都一一很智慧地回答……我們都非常驚訝，為什麼他會出生在我們這個家庭！如果我們是更有才能的雙親，我們就能夠描述很多關於他一生當中的事……我們就能夠以很多方式來讚美他，但是我們沒有辦法這樣，當人們問我們這些問題，我們都覺得不知道要怎麼回答，人們一下子問了很多問題，但是我們總覺得沒有能力去回答那些問題。

她一直都是一位仁慈的女主人，大家都認爲她是一位具有愛心的、善待客人的人，跟她先生是一對完美的搭擋，因爲她先生非常喜歡招待朋友、親戚、和其他人。

莎拉史瓦提是一個獨生女，因此非常受父母的寵愛，她們所住的那個小農村古其瓦達，人口只有七百人，它座落在馬德亞・普拉諜西的文德亞山一個很漂亮的山谷，她父親算是比較富有，而且是一位很仁慈的人，除了種田之外，他還開了一家小雜貨店。在從前，童婚在印度很普遍，奧修的母親在還是一個小孩子的時候就結婚了，這種做法有時候具有很幽默的一面，奧修描述道：

當我母親結婚的時候，她只有七歲，我一再一再地問她：「告訴我你感覺如何？」她說：「我根本不知道那是怎麼一回事，我只是很高興說有什麼事發生了，我經常跑出去看說到底發生了什麼，但是他們會把我拉回屋子裡。當要舉行正式儀式的那一天，他們把我鎖在裡面，因為我對那些樂隊、音樂、和馬匹太有興趣了，家裡來了很多客人……」我問我父親說：「你覺得如何？」他說：「我不知道，我只是很喜歡那一次的騎馬。」

從這兩個具有愛心的、單純的、心胸開朗的人的結合，就在西元一九三一年十一月十一日，在她古其瓦達的娘家，莎拉史瓦提生下一個非常美、而且非常健康的小孩。母親對她第一個出生的男孩感到非常高興，外祖父和外祖母也非常高興，尤其是外祖父特別高興。那個小孩的優雅和美使得外祖父認爲某一個前世的國王誕生在他們的家庭，所以他很自然地就將他命名爲「拉賈」（

Raja)，它的意義就是「國王」。莎拉史瓦提的父親非常喜愛這個孫子，所以他不讓她將他帶回提馬尼——那是她跟達達以及他父親家人在奮鬥做生意的地方。誠如奧修所描述的：

我較早的童年是在我外祖父家過的，我非常喜愛他們……他們覺得非常孤單，所以他們想要撫養我。直到七歲為止，我都跟他們在一起，我把他們當成我的母親和父親，他們非常富有，家裡應有盡有，所以，我好像一個王子一樣地被撫養長大，直到我外祖父和外祖母過世之後，我才接觸到我的父母……我只愛我的外祖父和外祖母，我也是只從他們那裡接受到愛。

奧修有時候會被帶回提馬尼。奧修最小的叔叔西卡謙德還記得他第一次被帶回來的時候是六個月大，西卡謙德是第一個去抱那個嬰孩的，他非常高興地迎接這個小孩，後來他爲奧修取了一個新的名字。在他入學之前，奧修被稱爲「拉賈」，之後人們開始稱呼他爲「羅傑尼希」。

奧修的出生並不是很平凡的那一種，因爲那是一個以前曾經走在這個地球上追求眞理的人的誕生，他以前曾經經歷過很多途徑、很多學派、和很多系統。他的前世是七百年以前在一個山區裡，在那裡，他有一個神秘學校，吸引了很多來自遠方的，來自各個不同的傳統和不同途徑的門徒。那個師父活到一百零六歲，在他臨終之前，他進入一個二十一天的斷食，本來在那個斷食結束之後，他就可以成道，但是他選擇了在最終消失而進入永恆之前再誕生一世。他看著他的門徒們，其中還有很多走在道上需要幫助的，同時他看到有一個很大的潛力，可以將東方和西方融合在一起，可以將身體和靈魂、物質主義和靈性主義融合在一起。他看到了一個創造出新人類的可能性——一個未來的人，跟過去完全不連續。他在很多世以來都非常努力在下功夫，在他非常接近最終成就的時候，他決定要回來再度進入肉身。出自愛和慈悲，他答應他的門徒們說他一定會再回來跟他們分享他的眞理，以及將他們的意識帶到一種醒悟的狀態。

在一個偶然的情況下，關於奧修前世的吸引人的事曝光了，奧修本身並沒有向任何人提起過這件事。然而在幾年之前，當他母親拜訪住在普那的彭卡利亞，他很好奇地問她說，她是否記得奧修小時候比較特別的事，她告訴他說，在出生之後，奧修並沒有哭，而且三天不吃奶。

有一次，在一九七九年十月，我再度向奧修的母親提起這件事，問她是否還記得更多關於她告訴彭卡利亞的事，她描述那一件事如下：

是的，他有三天的時間不吃奶，我非常擔心，但是不知道要怎麼辦。我媽媽在照顧他，她一直餵他水，她叫我不必擔心，到了第四天，在我母親給他洗過澡之後，他才開始吃奶。

我問她說，在那三天裡面，那個小孩有沒有顯示出任何不舒服的跡象，她回答說：「一點都沒有，在那三天之內，他的健康都保持正常。」

奧修解釋他這個不尋常的現象說：

這件事是真的，七百年前在我的前世，有一個靈修的實務必須在我死亡之前完成。在一個二十一天的完全斷食之後，我就要放棄我的身體，但是為了某些原因，我無法完成那二十一天，剩下三天，那三天我必須在這一世完成，這一世是從那裡開始的……

在那一世還剩三天的時候，我被殺了。我無法完成那二十一天，因為我在那二十一天結束之前的三天被殺了，那三天被去掉，所以在這一世，我必須去完成那三天。」

根據奧修所言，他的被殺並不是由於任何敵意或仇恨。「我在很多不同的討論當中講過很多次，」奧修說：「就好像猶大一直想殺耶穌一樣，猶大跟耶穌也沒有什麼仇恨，那個殺我的人跟我也沒有仇恨，雖然他被當成一個敵人來看待。」奧修繼續說：

那個謀殺變得很有價值，在我死的時候，那三天被留下來。在經過那一世所有為成道所做的一切費力的努力之後，我才能夠在這一世達成，在經過了二十一年之後，我才能夠達成本來在那三天之內可以達成的。在那一世裡面三天的每一天，我必須在這一世花上七年的時間。」

奧修在七百年前的前世這件迷人的事引發了整個關於是否有來生的問題，或者投胎轉世的理論是否有任何基礎。奧修對它的解釋是基於他個人的經驗，這對那些深入追求靈性成長以及那些在超自然心理學和意識改變狀態方面研究的人具有重要的意義。

一個人如何再出生而進入一個新的身體？一個佛如何再出生？在七百年之後，奧修如何再出生？他如何衡量前世和這一世之間的時間差？關於這些問題，奧修給了很詳細的回答。「我有一個內行人的看法，」奧修說：「一個佛具有一個內行人的看法。當一個像佛這樣的人生出來，他生出來的時候是完全覺知的；當一個像佛這樣的人在子宮裡，他是有覺知的。」

通常死亡發生在無意識的狀態下，那個垂死的人完全沒有能力去經驗或觀照死亡的發生。唯有當一個人經驗了很深的靜心，他才可能觀照，因爲在很深的靜心當中，一個人可以看到他的身體跟意識分開。奧修解釋如何帶著完全的覺知死去，然後再生：

如果你能夠在這一世完全覺知地死，當你死的時候不要變成無意識——你保持完全有意識，你看到死亡的每一個階段，你每一步都聽到，完全覺知到身體在垂死，頭腦在消失，而你保持完全覺知，那麼突然間，你就能夠看到你不在身體裡，意識已經離開了身體，你可以看到死的身體躺在那裡，而你飄浮在身體的周圍。

如果在垂死的時候你能夠保持覺知，這就是出生的一部分，或是一個點，如果在這個點上你是覺知的，那麼當你被懷孕的時候，你將會是覺知的。你將會飄浮在一對作愛的伴侶周圍，而且你將會完全覺知，你將會完全覺知地進入子宮。那個小孩被懷孕，他能夠覺知到在發生什麼。在母親的子宮裡九個月，你都將會有覺知，不僅你會覺知，當一個像佛這樣的小孩在母親的子宮裡，母親的品質也會改變，她會變得更覺知……母親會立刻感覺到一種意識的改變。

奧修從他的經驗同意佛陀和馬哈維亞的觀點說，最大的兩種受苦就是生和死，但是就奧修的觀點，生的痛苦比死的痛苦來得更強烈、更基本。在談到關於生的痛苦時，他說：

如果你能夠信任我，我說生的痛苦比死的痛苦來得更大……它應該如此，因為有了生，才能夠死……生是受苦的開始，死是結束，生一定更痛苦，它的確如此！在經過九個月的完全休息、放鬆、沒有煩惱、和無事可做之後被丟出來，那真的是一個非常突然的震驚，之後再也沒有比這個更大的對神經系統的震驚了，從來不會再有！

奧修必須再一次面對出生的痛苦，最大的困難在於找尋一個適合的子宮。「因爲對任何一個達到某一個發展階段的人而言，」他說：「很難爲下一次的出生找到適當的父母。」因爲在佛陀和馬哈維亞的時代，人們一般顯出較高的心靈品質，所以較高級的靈魂很容易就可以找到適合的子宮，但是在奧修的情況，普遍心靈意識的下降使他必須等待適當的時間，直到在達達和莎拉史瓦提的身上，他才能夠找到理想的父母，因爲他們具有靈性的品質、愛心的本性、和較高的意識。

奧修進一步解釋說他如何計算這個七百年的空隙。他必須先分辨當一個高級的靈魂在身體裡，和當它只是一個意識時，在時間衡量的本質上的不同。

唯有當你在身體裡，時間才可以衡量，當你在身體之外，不論你是經過七百年或七千年都沒有差別，只有在進入身體的時候，那個差別才會開始。

因此，爲了要算出他最後一次的死和這一次的生之間的空隙，他必須使用一種間接的方法：他藉著觀察那些前世曾經跟他在一起的人來計算時間，因爲自從那時之後，他們已經再出生了好幾次。

比方說，假定有一個在七百年前我在世的時候我所知道的人，在這個當中我有一個空隙，但是他或許已經再誕生十次了，在他的這十世裡面有記憶，唯有從他的記憶，我才能夠計算說我沒有停留在身體的時間有多長。

在分辨一個人在身體裡和不在身體裡所衡量的時間時，奧修說：

它大概就像這樣：有一個片刻，我進入睡覺，然後看到一個夢，在夢中我看到說好幾年已經過了，然後隔一陣子，你叫醒我，告訴我說我在打盹……在夢中，在一個片刻之內就可以看到好幾年，作夢時的時間跟平常是不一樣的。如果在夢醒之後，作夢的人不知道說他是什麼時候入睡的，那麼就很難決定說他睡了多久，那只能夠由時鐘來知道。比方說，當我還醒著的時候，時間是十二點，現在我在睡覺之後醒來，時間只有十二點零一分。另外一個方式就是藉由你來知道，因為你也在這裡，其他就沒有什麼方式可以知道了，因此，唯有以這樣的方式，我才能夠決定說已經過了七百年。

奧修強調說，就心靈成長而言，一個人知道他的前世是很重要的，因爲他們可以從他們以前離開的那個點來開始他們的找尋，它在這一世的追尋裡面可以省下相當多的能量。

所以，我談論一點點我前世的事情，並不是說因為它具有任何價值，或者你可以從那裡知道一些關於我的事。我之所以告訴你這些只是因為它或許可以使你反觀你自己，然後使你去找尋你的前世。當你知道你的前世，將會有一個心靈的革命和進化，然後你就會從你前世所離開的地方開始，否則你將會迷失在無窮盡的世世代代裡，那裡都到不了，事情將只會重複。

當我們在下一章裡面繼續談我們的故事，我們會發現奧修就跟其他任何正常的小孩一樣地長大，但是還有一些東西非常不同、非常獨特，使他有別於其他的小孩。其中一個吸引我們去注意的特點就是他一直去實驗的傾向——從很小的時候就是如此。他對人的興趣，他對人類本性的敏銳觀察、他的創造力、以及他對眞理的追尋，這些因素都對他去直接而眞實地經驗人生有貢獻。他的追尋使他具有非凡的洞察力，可以洞察他周遭的世界，以及洞察人類的心靈，隨著每一個洞察力，他變得越來越接近達成最終的「那個是的」。

第三章
少年時代——冒險的歲月

即使還在小孩子的時候，奧修就表現出對眞理的渴求。他的追尋受到很多他所接觸到的死亡很大的影響，他第一次經驗到死亡的震憾是在他五歲的時候，當時他的妹妹卡斯姆過世，奧修非常喜歡她。在她過世的時候，他的心情非常受打擾，所以他拒絕吃東西，堅持要像一個傳統的耆那教和尚一樣地行動，穿著一塊裹腰布，帶著一個乞丐碗，他母親描述當時的情景：

他要求我們拿著食物，坐在一排，然後他穿著好像和尚一樣的衣服，他會從一端走到另一端，手上拿著一個碗來乞討食物。

經過了相當的說服之後，小奧修才恢復了他正常的行爲。有很多次奧修所經驗到的他自己的死亡是他自己實驗的一部分。在這些經驗當中有三次最重要的是一個占星學家有預測到的。奧修的祖父曾經去問一個非常有名的占星學家，他在看過了奧修的占星圖之後預測說這個小孩一定無法活過七歲，因此他覺得，爲一個這麼短命的人再繼續畫占星圖似乎沒有必要。那個占星學家後來過世了，但是他的兒子繼續研究奧修的出生圖，他也覺得很困惑，最後他宣佈說這個小孩一定每七年會碰到一次死亡，而他在二十一歲的時候一定會死，這些預測很自然地會引起奧修的父母和家人的擔心。

奧修本人指出，就某方面而言，那個占星學家是對的。在七歲、十四歲、和二十一歲的時候，奧修對死亡有越來越深的經驗。在這一章裡面，我們只打算說明奧修在七歲和十四歲時所發生的事件和經驗，他二十一歲時的經驗、最終的經驗——過去死亡經驗的最高點，將在第四章裡面描述。

當談及第一個最深的死亡經驗時，奧修說：

在七歲的時候，我總算是活了過來，但是我對死亡有一個很深的經驗，那不是我自己的死，而是我外祖父的死，因為我跟他非常親密，所以他的死簡直就像我的死。

小奧修對他外祖父的深愛是互相的。奧修是他外祖父獨生女的兒子，他很直接地，而且很強烈地經驗到他所鍾愛的外祖父之死，他自己描述說：

我外祖父第一次被死亡襲擊時，他變得講不出話，我們在村子裡等了二十四個小時，看看會不會有什麼轉機，然而情況一點都沒有改善。我記得他曾努力想要說話，但是都說不出來，他想要告訴我們一些事，但是都講不出話來，因此我們必須用車子把他送到鎮上，他的知覺一個接著一個漸漸地消失，他並不是立刻死去，而是很慢，而且很痛苦地死去，先是不能講話，接著變成聽不到，然後眼睛閉了起來，在牛車上，我每一部分都很注意看，那個路途很長，有三十二英里的路。

當時所發生的任何事情似乎都超出我的了解。這是我親眼看到的第一個死亡，但是我甚至不了解他在垂死，他的感官慢慢地失去而變得無意識，當我們快到鎮上的時候，他已經半死了，他的呼吸仍然在繼續著，但是其他的都失去了，在那之後他並沒有恢復意識，但是有三天的時間，他還是繼續保持呼吸，他斷氣的時候是無意識的。

他的慢慢失去知覺以及他最後的死深深地印在我的腦海裡。

隨著他外祖父的消失，奧修的整個世界好像變得四分五裂。奧修繼續描述他外祖父過世時的感覺：

當他過世的時候，我覺得如果我吃東西好像對不起他，我覺得我不想活了，那是幼稚的想法，但是透過它，某種非常深的事情發生了。有三天的時間，我都躺在床上，不肯爬起來，我說：「他死了，我也不想活了。」我還是活了過來，但是這三天變成一個死亡的經驗。就某方面來講，我是死了，然後我了解到（現在我可以描述，但是在當時，那只是一個模糊的經驗），我感覺到，死亡是不可能的……

有一次，一個人問奧修說，那一件事的發生使他轉向心靈方面的追求，奧修回答：

並非只是一件事。常常在經歷過某件事之後，一個人的人生就轉變了……在我的人生當中並沒有像這樣的事可以特別提出來講……然而，值得回憶的一個記憶就是死亡。

他所鍾愛的外祖父之死使他深深地意識到死亡的現象，所以他說：「在生命開始推進之前，死亡就盯住我了。」奧修再進一步描述道：「對我來說，任何人變成我的中心的可能性在我生命的第一步就被摧毀了，以前形成的第一個中心瓦解了。」這個死亡使奧修產生了一個很深的改變，它就好像一個模子打開了，然後那個眞正的形象就呈現出來了。那個很深的親密關係的瓦解產生出一種完全跟自己在一起、完全單獨的自由，就像奧修本身所說的：

從七歲開始，這種自己單獨一個人的事業就抓住了我。「單獨」成為我的本性，他的死亡使我永遠免於所有的關係，他的死亡對我來說變成所有執著之死。在那件事之後，我變得無法跟任何人建立一個連結的關係，每當我跟任何人的關係變得很親密，那個死亡就盯住我。」

必須加以了解的是，那個死亡並沒有使他不喜歡別人，只是他不再把別人看成是結合關係的一部分。從那個時候開始，每當他跟某人有比較親近的接觸，死亡的念頭就會進入；從那個時候開始，他就意識到說一個在他今天覺得很親近的人或許明天很快就會不見了。

奧修進一步反省他外祖父之死的時候說：

這件事是對我的頭腦影響最深的第一件事，從那一天開始，每一天、每一個片刻，對生命的覺知一直都跟死亡的覺知連結在一起。從那個時候開始，存在或不存在對我來講具有同樣的價值。

那種「單獨」的感覺對奧修自然的成長具有相當重要的含意。死亡這個事實，以及找尋任何永久關係的徒然，使他更加了解說單獨一個人也能夠變得非常快樂，奧修自己這樣解釋：

當那第一個「單獨」的感覺變得越來越深，某種新的東西開始發生在我的生命裡。剛開始的時候，那個單獨只是使我不快樂，但是慢慢地，它開始變成快樂……之後，我就沒有遭受到任何不快樂。

他開始了解到他的單獨事實上是一種變成歸於他自己的中心的狀態，它是一種他不再依靠別人的狀態，事實上就是這個免於依賴使他能夠永遠快樂，他承認說：

沒有其他的方式，只能夠回到我自己，就好像平常所說的，我被丟回我自己，慢慢地，那使我變得越來越快樂，之後我感覺到這個幼年時對死亡的親密觀察變成一種對我無形的祝福。

在奧修的外祖父過世之後，他就來跟他的父母和他的家人住在卡達瓦拉。目前卡達瓦拉仍然是一個小鎮，人口大約有兩千人。在奧修小的時候，那個鎮才一千人，那個鎮大概離傑波普市有六十英里，居民主要是做穀類和布的生意，他們都信奉印度教。那個鎮的周圍有一些小的農村，它有一所小學和一所中學，和一個公立圖書館。

奧修七歲的時候開始就讀卡達瓦拉的剛吉小學，但是即使在那麼小的年紀，他就發現傳統的學校教育對他創造性的聰明才智來講太狹窄、太侷限了。爲了這個理由，他有兩年的時間不去受正規教育。他媽媽說，爲了避免上學，他有時候會編故事。有一次他哭著回家告訴他媽媽說他不要再回到學校去了，因爲老師體罰他。他媽媽覺得不舒服，就立刻叫奧修最小的叔叔西卡謙德到學校去找老師。然而，在他叔叔要帶他到學校的途中，奧修承認說他是假裝的，老師並沒有懲罰他，他只是不喜歡去上學。

奧修從來就無法跟那些無趣的和無意義的教育，以及沒有創造力的老師扯在一起，他打從最開始就拒絕整個系統，他找不出有什麼値得學習的，他找不出任何比一些文字、數字、或一些不相關的細節更多的東西，他找不出任何可以幫助他內在追尋的東西，這使他完全對遵循正規的教育沒有興趣，而且使他非常厭惡學校所教的東西，奧修描述他對這件事強烈的感覺：

從小時候，我就對學校所教的東西沒有興趣，因此我的歷史課很差！我一直都很疑惑，為什麼要去記那些愚蠢的名字，到底是為什麼，我們到底犯了什麼罪，而必須被懲罰來記那些人的名字、日期、精確的日期和精確的名字……

？而這些人所做的事情都很醜陋！歷史是空談！我們為什麼要接受這種懲罰呢？所以我從來不去上歷史課，我對任何語言也都從來沒有興趣。

打從一開始，我的整個興趣就是如何超越頭腦，關於這一點，不論是歷史、地理、數學、或語言都不能夠有所幫助，沒有一樣東西能夠有所幫助，所有這些東西都不相關，我的整個存在都進入了一個完全不同的方向。

奧修發現要跟任何老師產生關連也是同樣地困難，因爲他找不到一個能夠了解他的需要，或是有經驗過他在追尋的東西的人。這種情況同樣地，以另外一種方式，將奧修丟回他的中心，他再度發覺他自己是單獨的。「我無法接受任何人作爲我的老師，」奧修解釋道：「雖然我一直都準備要當一個學生，但是我找不到一個我可以稱他爲『師父』的人。」他很強烈，而且很接近地目睹的死亡經驗對他來講一直都保持是一個謎、一個很深的奧秘，他在找尋一個已經了解死亡是什麼的人。「我所碰到的每一個人，」奧修繼續描述道：

都非常涉入生命，沒有看過死亡的人永遠都無法變成我的老師。我想要尊敬他們，但是我做不到，我可以尊敬河流、山岳、甚至石頭，但是我無法尊敬人……我還沒有碰過一個我能夠自然尊敬的老師，因為我從來沒有感覺說有任何人知道那個如果沒有它，生命就會變得沒有意義的絕對真理的人……我從來不覺得我是一個小孩子，所以我必須受某人的保護和引導。並不是說我沒有去找過任何人，我曾經找過很多人，但我總是空手而回，我覺得他們所傳授的我也知道，我無法從他們那裡學到什麼東西。

這種態度使奧修產生一些困難，比方說他常常被認爲是自我主義的，是不謙虛的、沒有禮貌的，或甚至被認爲是煽動叛亂的。他常常發現他自己處於一種尷尬的情況下，但是這還有另外一面，非常重要的一面。「我從另外的方向被拋回我自己，」奧修說：「因爲我從來就不相信，或是沒有感覺到說眞理能夠從別人那裡學習而來，只有一個方式可以學習——只能夠從我自己學習。」

從一年級開始，奧修就以寫出一手漂亮的字和繪畫能力出名，他在二年級的時候就開始看報紙和雜誌，而且成爲卡達瓦拉公立圖書館的會員——是最年輕的會員。在小學的時候，奧修就展現出他寫詩、寫短篇小說、寫文章、和照相的才能。在六年級的時候，奧修就編了一本手寫的雜誌叫做「普拉雅斯」，它的意思就是「努力」。

年輕的時候，奧修就以他非凡的講故事的能力爲人所知，他尤其會講偵探故事。他小時候的朋友阿格哈．沙拉史瓦提先生還記得當時在學校的時候，在上完畫圖課之後，作完家課，奧修就會講很刺激的偵探故事給他們聽。

流經卡達瓦拉的那一條河叫做「夏卡」，它的意思就是「糖」，因爲那一條河的河水帶有甜味，那條河在滋潤奧修的身體和靈魂方面扮演了一個非常重要的角色，他曾經在各種不同的情況下在河流裡面跟河流玩耍，他的整個存在都涉入了河流以及它周圍的環境。下面有一段奧修本身對於他跟河流之間的關係非常詩意的描述：

在我小的時候，我常常在清晨的時候就去到河流那裡，那是一個小村子，河流流得非常非常慢，好像根本就沒有在流一樣。在早晨的時候，當太陽還沒有出來，你根本看不出它有沒有在流動，它流得很慢，而且顯得很靜。在早上沒有人的時候，在那些洗澡的人還沒有來的時候，它顯得格外寧靜；在早上的時候，甚至小鳥都沒有在歌唱，那個時候還很早，鴉雀無聲，到處充滿著寧靜，河流旁邊到處都是芒果樹的味道。

我常去那裡，去到河流最遠的角落，只是去坐在那裡，什麼事都不需要做，只要在那裡就夠了。當太陽出來的時候，我就跑到對岸去，那裡有一片廣大的沙，我就在陽光下晾乾我的身體，然後躺在那裡，有時候甚至去那裡睡覺。

當他母親問他說他整個早上都在幹什麼，奧修就回答說：「沒什麼。」他母親覺得不滿意就繼續問，奧修說：

我媽媽會堅持說我一定是在做些什麼，所以我就說：「好吧！我洗了一個澡，然後在陽光下晾乾我的身體。」然後她就滿意了，但是我並不滿意，因為發生在河流裡面的事是言語所無法形容的，只是說：「我洗了一個澡。」這樣的描述顯得太貧乏了。在河流裡面玩、在河流裡面漂浮、在河流裡面游泳真的是一種很深的體驗，如果只是說「我在那裡洗澡」，根本就沒有意義，或者如果說「我去到那裡，在岸邊散步，然後坐在那裡」，這樣也並沒有表達出什麼。

奧修很幸運地找到一個深深愛上河流的人，這是第一個教奧修游泳的人，他教他跟河流接觸，這個游泳師父教游泳的方法給了奧修一個非常深入的經驗，那個經驗使奧修了解到「成爲很全然」的奧秘，奧修是這樣描述的：

在我小時候，我被送到一個游泳師父那裡，他是我們鎮上最會游泳的人，我從來沒有碰過一個那麼愛水的人，水對他來講就是神，他崇拜它，河流就是他的家。清晨三點鐘，你就可以在河裡找到他，傍晚的時候，你也可以在河裡找到他，夜晚的時候，他就坐在河邊靜心，他的整個生活都跟河流很接近。

當我被帶到他面前，因為我想要學游泳，他看著我，他有感覺到某些東西，他說：「但是學游泳沒有方法，我只能夠把你丟進河裡，然後你就自然會游，沒有方法可以學，它無法被教，因為它是一種訣竅，而不是知識。」

他就是這樣做，他把我丟進河裡，然後站在岸邊，有兩三次，我沈下去，我覺得幾乎要被淹沒了，而他就只是站在那裡，一點都不想來幫助我！當然，在你生命攸關的時候，你就會竭盡所能，所以我的手就開始亂揮，它顯得很零亂、很緊張，但是訣竅就跑出來了。當生命攸關的時候，你就會竭盡所能，而每當你竭盡所能的時候，事情就會發生！

我會游了！我感到非常興奮！我說：「下一次你不必把我丟進去，我自己會跳進去，現在我已經知道身體有一種自然的浮力。問題不在於游泳，問題在於如何去跟水保持和諧，一旦你能夠跟水保持和諧的關係，它就會保護你。」

阿格哈·沙拉史瓦提先生描述他小時候跟奧修在一起時有關河流的經驗：

晚上跟奧修在河流那邊渡過真的是一件很愉快的事，那是一個最無法想像，有時候是令人害怕的經驗，因為在我們這些朋友之中，沒有一個人能夠確定說，當我們在河邊閒逛的時候，他會做出什麼樣的事情。他是完全不能預測的，或者以另外一個方式來說，他完全是自發性的，但是我們跟他在一起的時候非常信任，覺得很有冒險的興奮感覺。

我們花很多時間跟奧修一起在河裡游泳，即使在水位很高、很危險的時候，奧修也會叫我們跳進去游到對岸，不僅如此，他還會叫我們游到對岸某一個特定的點，但是我們沒有一次做到，因為水流非常強，我們常常被冲到離他所建議的點好幾哩以外的地方，然而奧修一次都沒有失敗過，他每次都能夠很精確地到達他要我們跟他會合的地方。

河流也是奧修的避難所，每當他覺得有很深的悲傷，他就會去到河流那裡坐著靜心。他的朋友指出兩次特別的情況，一次是他小時候的朋友夏許的過世，另外一次是一九四八年一月三十日，聖雄甘地被暗殺的時候。聽到甘地死亡的消息，奧修告訴他的朋友說，他覺得太悲傷了而哭不出來，那天晚上，他跟他的朋友來到了河邊坐下來靜心。

對奧修來講，河流及它周圍的環境是進入深刻靜心一個理想的地方。有一次，人們問他說他有沒有做過什麼特別的靈修，奧修講了一個非常有趣的故事。當卡達瓦拉初次有電影上映的時候，一部電影都會演上四、五個小時，或甚至更久，因爲放映機常常演到一半就壞了。奧修會在傍晚很早的時候就出門，然後告訴家人說他要去看電影，但是事實上他是利用那個時間打赤膊躺在河邊的沙灘上，家人因爲知道電影院的情況，所以不會介意說他很晚才回來。

因此他跟河流的關係不只是在那裡休息而已，它幫助他經驗了意識更深的層面。

小孩子的時候，奧修對死亡的嚮往是非比尋常的，他常常跟著扛棺材的人隨行到火葬場。當他的家人問他說他爲什麼經常去火葬場看陌生人的葬禮，他說：「他是什麼人，這並不是我所關心的，死亡是那麼美的一個現象，而且非常神秘，一個人不應該錯過它。」奧修進一步解釋說：「所以當我聽到有人過世，我就會去，我總是在注意看、在等待、在觀照任何發生的事。」他會聽人們在死人身上大作文章，有時候還引經據典，像這一類愚蠢的事，奧修覺得很困擾。

我開始感覺：「他們在逃避。」藉著進行討論，他們是在逃避那個正在發生的現象。他們並沒有在看那個死人，那件事就在那裡！死亡就在那裡，而他們卻在討論它！真是傻瓜！

阿格哈·沙拉史瓦提先生指出，奧修在小時候常常在晚上一個人跑到火葬場，躺在那裡好幾個小時。

因爲他們這個孩子有這樣非比尋常的現象，所以家人再度擔心那個對奧修死亡的預測，尤其在他接近十四歲的時候。在這一次，奧修的身體同樣地繼續存活下來，雖然他再度有意識地面臨了死亡。他告訴家人說，如果按照占星學家所言，死亡是確定的，那麼如果他準備死或許會比較好，他想要去跟死亡會面，他想要有意識地去面對它，家人聽到這些話都感到很震驚，而且大惑不解，但是他們並沒有干涉他的計劃。

奧修決定要執行他的計劃，他去到校長那裡要求放他七天的假，他告訴校長說他即將要死了；校長簡直不能相信他的耳朵，他以爲奧修要自殺，所以就請他解釋，奧修告訴校長說，占星學家預測說他十四歲的時候可能會死，他同時告訴校長說：「我要隱居七天來等待死亡。如果死亡來臨，那麼最好有意識地去跟它碰頭，好讓它成爲一個經驗。」校長感到很驚訝，但還是准了他的假。

然後奧修就去到一座在他村子附近的破廟，只有一個教士在那裡儘可能地照顧那座廟，奧修叫那個教士不要來打擾他，又叫他每天準備一頓飯和一些飲料給他，然後他就躺在廟裡準備迎接死亡。

那對奧修來講是一個很美的經驗，當然，眞正的死亡並沒有來臨，但是奧修幾乎做盡一切可能的事來「變成死的」。他經歷過一些奇怪和不尋常的感覺，有很多事發生在他身上，奧修說：「基本的要點是，如果你覺得你將要死了，你就會變得很鎮定、很寧靜。」

他有一些經驗非常迷人，奧修敘述一件關於害怕死亡的事：

我躺在那裡，在第三天或第四天，有一條蛇跑進廟裡來，我看到了那條蛇，但是我並不覺得害怕，突然間，我覺得非常奇怪，那條蛇越來越接近我，我感到很奇怪，但是我並不覺得害怕，所以我想：「如果會有死亡的話，它或許就是透過這條蛇，所以我為什麼要害怕？所以我就在那裡按兵不動地等著！」

那條蛇從我身上爬過，然後走掉了。恐懼消失了，如果你接受死亡，就不會有恐懼；如果你執著於生命，那麼所有的恐懼都會存在。

一旦死亡被接受成一個事實，那個接受成一個事實，那個接受就會立刻創造出一個距離，從那個點，一個人可以以一個旁觀者來觀察生命中所有事件的流動，這使得我能夠超越在這些事件發生時所產生出來的痛苦、憂傷、煩惱、和失望。奧修描述他有關這種漠不關心狀態的經驗：

有很多次，蒼蠅在我旁邊飛來飛去，牠們會爬在我身上或是爬在我臉上，有時候我被觸怒而想要將牠們趕開，但是我想：「有什麼用呢?遲早我將會死，然後就沒有人能夠保護我的身體，所以就讓牠們自由吧！」

當我決定讓牠們自由，那個怒氣就消失了，牠們還停留在我身上，但是我已經不太去注意牠們了，就好像牠們是爬在別人的身上，我和牠們之間立刻有一個距離產生。如果你接受死亡，你和死亡之間就會有一個距離產生，你的生命就會遠離所有的煩惱、生氣、以及其他負面的情緒。

這並不是說奧修相信占星學家的預測，然而它的確給了他一個機會和一個動機去探索它，以及用經驗來了解它。奧修下結論說：

當然，我的身體有一天將會死，但是這個占星學家的預測對我非常有幫助，因為它使我在很早的時候就覺知到死亡，我可以繼續靜心，然後能夠接受說它正在來臨。

因此，在很強烈地、很靜心地經歷過死亡之後，奧修變得很清楚說，即使這個身體死了，換句話說，身體已經沒有能力對任何刺激作反應，但是他的意識仍然保持完全覺知。他回憶說：「就某方面而言，我是死了，但是我知道了有某種不朽的東西存在，一旦你完全接受死亡，你就可以覺知到這一點。」

奧修也利用河流把他帶到跟死亡面對面，他的叔叔和其他親戚朋友們都曾經提過他如何跳進最危險的滿潮時的河流，然後游過它，或者他如何爬到七十英尺高的橋上，從那裡跳進滿潮時的河流。他最令人毛骨悚然的實驗之一就是潛入漩渦裡，對他來講，掉進漩渦裡是「最美的經驗之一」。奧修本身描述漩渦的本性以及他對它的經驗：

在河流裡，尤其當下雨下很大，河流滿潮時，有很多漩渦會產生出來，它們的力量非常強，水在那邊一直繞，就好像螺旋一樣，如果你被抓進它裡面，你將會被很強的力量拉向底部，你被拉進越深，那個漩渦就變得越強，當然，自我自然的傾向就是去跟它抗爭，因為它看起來好像死亡，而自我非常害怕死亡，自我會試著去跟那個漩渦抗爭。如果你在一條滿潮的河流裡跟它抗爭，或是在靠近瀑布有很多漩渦存在的地方跟它抗爭，你將會輸給它，因為那個漩渦非常強，你無法跟它抗爭。

漩渦的現象就是這樣：在表面上，那個漩渦很大，但是你進入越深，那個漩渦就變得越來越小——越來越強，但是越來越小，在接近底端的地方，那個漩渦就變得非常小，你不必有任何抗爭就可以離開它，事實上，在靠近底端的地方，是那個漩渦本身把你丟出去，但是你必須等那個漩渦把你捲到底部，如果你在中途抗爭，你就完蛋了，你一定活不了，我試過很多漩渦，那個經驗很棒。

這個描述可以用來說明奧修對死亡的洞見。一個人越是跟死亡抗爭，他就越會被它所吞噬，但是如果不要去抗拒它，而允許自己很靜心地深入它，他或她就一定能夠有一個非常令人興奮的經驗。當一個人深入它的奧秘而到達了它的底端，他就會自然地走出它而不會受到傷害，以及免於對它的恐懼。

不論是在河裡游泳，或是作其他的探險，奧修都很自然地成爲其他小孩的領袖，他們都非常喜愛他，而且尊敬他，他不僅是他們的戰友，同時也是他們的良師和導遊。他們對他頭腦的精明、他的勇氣、以及創造的心靈都感到非常驚訝。奧修對他的朋友們很有愛心，同時也很照顧他們，不僅他自己會去嘗試新的事情，他也鼓勵他的朋友每天都去嘗試一些新的事情，避免重複，他經常提醒他們要跟迷信和虛僞抗爭。

奧修和他的同黨因爲他們毫無恐懼的膽大妄爲，所以在鎮上變得很有名，據他的朋友所說，甚至當地的小偷和殺人犯都避免跟他們正面衝突。他們的下一個目標任何人都猜不準，他們的活動可以在白天進行，或甚至在滿月的晚上進行，他們會把鎮上的驢子放出來，然後一直騎到天亮，以此作樂。

常常有鎮上的人很生氣地來向奧修的父母告狀，他的父親在聽過關於這個頑皮的兒子的故事之後覺得很爲難，不知道要怎麼辦才好，因爲大多數那些受害者除了他們自己的尊嚴有一點受傷之外，事實上也沒有太多可以抱怨的。一般而言，奧修的父親並沒有去注意這些事，除非有時候太生氣了才把他關進洗手間，直到奧修變得乖一點，才讓他出來，但是這種懲罰似乎沒有用，因爲奧修自己一個人在裡面覺得很享受，他被關進去幾個小時都沒有動，也沒有發出任何聲音。當父親很擔心地問他說他有沒有問題，奧修以一種很冷的聲音叫他不必擔心，他告訴他父親說他很高興在裡面，他可以無限制地待下去。

另外還有一次，有一個老師處罰奧修，因爲他上學遲到，老師罰他跑操場，但是年輕的奧修還是繼續遲到，他每天都享受那個運動，直到最後，老師放棄了那個懲罰。

奧修在學校裡的叛逆行爲發生在他七年級的時候。校長是一個很嚴格的人，尤其在遵守校規方面特別嚴格，然而奧修自由的心靈從來不遵循任何由外在加上去的規範，他相信自發性的自我約束。在這個學校，每一個人都要戴一頂布做的便帽，但是只有奧修被允許戴毛質的便帽。有一天，奧修走進校長的辦公室，很寧靜地向他宣稱說，從此以後學校不可以再要求學生戴便帽，如果學校要再繼續這樣要求，學生將會罷課。校長一定是很正確地了解當時的情況，因爲從那天開始，學校就不再要求學生一定要戴帽子了。後來，奧修還在學校領導了幾個抗議，反對無意義的規則、嚴苛的規範，以及教師們僞君子的行爲。

奧修的叛逆以捉弄人的方式表現出來，他的目的常常是要暴露出社會的虛假來使他們的自我漏氣。他的詭計和嘲弄並沒有惡意，他從來不想傷害任何人，他所做的事純粹是出自善意的好玩的感覺。在表面上，他的能量似乎是指向那個人，但事實上他是針對長久以來的制約和以自我爲中心的行爲而做的。人從來不是他的目標，他所攻擊的是那個既定的模式。奧修在他家鄉所做的事跟他現在對那些教士和教皇、學者和政客等的嘲弄同樣都是一種好玩。

奧修幽默感的本質可以從下列由他的朋友阿格哈·沙拉史瓦提所講出來的故事看出來，在這個故事裡，一個人可以看出來他如何使那些信任的人加入他對人類行爲的探尋，他的本性就是喜歡將那些罪有應得的受害者暴露出來。

在卡達瓦拉有一個醫生，他的招牌上除了他的名字之外還列了一大串他的學位。奧修和他的朋友們決定說，當那個醫生在辦公室時，他們要在對街將他的名字和學位大聲朗誦出來。大伙兒遵循奧修的指示，每一次他們之中的任何一個人經過那個醫生的辦公室，他就大聲讀出那個招牌，當那個醫生注意到這件事，他覺得很困擾，但還是照常營業。因爲他對那個情況感到很困擾，所以他向那些年輕人的父母抱怨，當父母們發現了那件事，他們覺得除了或許有一點點奇怪之外，並沒有什麼冒犯，他們反而覺得整個事情蠻有趣的，這件事傳遍了整個小鎮，那個醫生終於了解到他的招牌顯示了太多的自我，因此就悄悄地將那些炫耀的部分拿掉。

奧修反對英國統治印度，另外一個他孩提時代的朋友古拉拜記得年輕時候的奧修對當時印度的政治和社會的不公平有很深的顧慮。古拉拜在一九四〇至一九五〇年之間跟奧修過從甚密，古拉拜比奧修大九歲，目前是奧修的門徒，他在卡達瓦拉經營一個小生意。

古拉拜說：「透過不安全和無懼來生活是奧修非常突出的特質，」—：

他在暴露出社會上的罪惡時所表現出來的勇氣常常令我們感到驚訝。雖然奧修比我們幾個朋友都來得年輕，但是我們都對他刮目相看，而且非常尊敬他。奧修目前所表現出來的大幅度的叛逆，我們在學生時代就可以看出端倪。

根據古拉拜所言，奧修對政治從來不感興趣，他主要的貢獻就是勇敢地發表反對鎮壓、不公正、和僞君子等的言論。雖然他強烈反對英國的統治，但是他從來沒有成爲國會黨或任何其他政黨的自由鬥士，他永遠都是一個獨立的聲音。

奧修欽佩聖雄甘地，因爲他具有眞誠，而且努力不懈，但是他對甘地的觀念和特質從來不覺得有什麼特別。稍後在這本書裡面，我們將會談到奧修對甘地的批評。

然而在一九四〇年，一個印度國家軍隊的代表碰到奧修和他的叔叔西卡謙德，他鼓勵他們組織一個印度國家軍隊的青年隊，奧修成爲青年隊的隊長。有一段時間，奧修也是另外一個國家運動的成員，但是他在那裡並沒有待很久，事實上，因爲他無法接受任何外在的規範、意識型態、或系統，所以他就離開了那些運動組織。

奧修喜歡嘗試新的東西，同時他也很叛逆，他每天都會做一些新的、不同的事，他一直在各個層面上追尋。他有時候會安排不尋常的睡覺和起床時間，以此來作試驗；有時候他會嘗試斷食，或是吃飯不正常；有時候他會站在河裡靜心，或是站在森林裡、或是在雨中靜心，他也曾經用一些秘教和瑜伽的呼吸控制法來作試驗，用魔術和念力來作試驗，他同時用催眠來作試驗作得很成功。

奧修的另外一個孩提時代的朋友巴拉提說：「奧修常常會要他的朋友一起來作試驗。」比方說，根據巴拉提的描述，當他們出去划船的時候，奧修會將一個不會游泳的朋友推進河裡，他會很小心地照顧他，使他不要淹死，但同時讓他有時間掙扎，有時候他會將朋友的頭壓到水裡幾秒鐘，當那個人奮力掙脱開來，奧修就會問他說：「感覺如何？」他的用意是要知道說那個經驗有多強烈，在水中不能呼吸的感覺如何？然後奧修會開始解釋說，唯有當一個人來到一個非常強烈的點、一個生死攸關的點，對神眞正的追尋才算開始。

奥修的試驗還包括在午夜走在懸崖之上，他的朋友阿格哈．沙拉史瓦提回憶道：

他會在黑暗的午夜帶我們沿著河流走，然後他會邀我們爬到高處的山，走在懸崖上，那是一個令人毛骨悚然的經驗，我們都嚇死了，那個山谷有好幾百英尺深，一不小心滑下去的話一定會碎屍萬段。每當他帶我們去冒這一類的險，我們都知道，他主要的用意是要我們以無懼的心情來作試驗，他主要的目的是要使我們變得越來越覺知、越來越警覺、越來越勇敢。

那些試驗都直接指向靜心狀態的經驗。奧修認爲走在懸崖上的試驗，以及從橋上跳進河裡的經驗是可以經驗到超越頭腦的例子。

在我童年的時候，我常常帶我的朋友到河邊去，河邊有一條小路，走在那個邊緣非常危險，只要有一步陷入無意識，你就會掉進河裡，而且那個部分是最深的地方，從來沒有人去那裡，但那是我最喜愛的地方，我會帶我所有的朋友一起來，跟我一起走那個狹窄的邊緣，只有很少數的人準備要跟我走，但是那些人真的會有一個很美的經驗，他們會報告說：「非常奇怪！頭腦不知道是怎麼停止的。」

我會帶我的朋友們去火車經過的橋那裡跳水，那是很危險的……那是被禁止的，總是有警察站在鐵路橋那裡，因為那是人們經常從那裡跳下去自殺的地方。我們必須賄賂警察，他才不會干涉他們在那裡跳水，漸漸地，他已經知道說我們都是同樣這些人，我們不會死，也不會惹麻煩……我們對自殺沒有興趣。事實上，他變得開始喜歡我們，所以賄賂金也不收了。他說：「你們可以跳，我將不往那個方向看，每當你們想要跳，你們就來。」

那座橋很高，從那裡跳……在你到達河流之前，在橋和河流之間有一個時間的空隙，在那個空隙當中，頭腦會突然停止。

那是我第一次瞥見靜心，那些瞥見使我變得對靜心越來越有興趣。我開始探詢，不要到山上、河流、或高橋去，是否也同樣能夠經驗到這些片刻；一個人如何能夠什麼地方都不去，只要把自己的眼睛閉起來，就能夠讓自己進入這些空間。一旦你嘗到了它的滋味，它並不困難。

然而，在所有的這些試驗裡，主要的因素就是勇氣。事實上，奧修一直都主張說，一個眞理的追求者就是一個繼續在試驗的人，而要試驗和要達到眞理的話，勇氣是需要的。根據奧修所言：「勇氣是生命裡面最偉大的特質，因爲如果沒有勇氣的話，就沒有自由；如果沒有自由的話，就沒有眞理……」

奧修本身在保持警覺和覺知方面下了很多功夫。比方說，在高中的時候，有一位奧修所喜愛和尊敬的老師堅持說在回答點名的時候要喊「在」，而不要喊「是」。奧修對這件事加以批評：

這種要求簡直太奇怪了，答「在」和答「是」根本沒什麼關係，但是我開始感覺到他是有用意的，因此我開始去靜心冥想它，每當他叫我的名字，我就答「在」，我不只是說出它，我還去感覺它：「我變得很警覺、很覺知到我的『在』。」每當我喊「在」的時候，差不多有半分鐘的時間，我會經驗到很美的片刻，我會變得全然地「在」，好像整個班級都消失了，老師也消失了。

奧修對於外界所給予的制約也是同樣地警覺，他說：

我出生在一個耆那教的家庭，很自然地，就像其他每一個人都受到制約一樣，我同樣也承襲了一些制約，但是我一直都很注意、很警覺，因此我並沒有被陷住在制約裡。制約非常微妙，一旦你陷入它裡面，你就變得沒有能力去看、去思考，任何違背制約的東西你都會對它沒有反應。

根據傳統，耆那教教徒在日落之後不能吃東西。奧修就是在這樣的傳統之下被帶大的，這個制約曾經引起他一次狼狽的經驗。奧修描述他那一次的事件直到我十八歲那一年為止，我都不曾在晚上吃東西。有一次，我跟幾個朋友去看一個城堡，那個城堡離市區很遠，在叢林裡面。他們都是印度教教徒，那個城堡非常美，因此他們整天都在那裡欣賞，沒有興趣要去準備食物。我是唯一的者那教教徒，我無法堅持，因為有三十個人白天都沒有興趣煮東西吃，所以我就保持沈默，到了晚上，他們才煮東西來吃。整天在森林裡逛來逛去，在那個古代城堡的廢墟逛來逛去，我變得又累又餓，我從來沒有這麼餓過，但是我十八年來的制約是：你不能夠在晚上吃東西。

然後他們開始煮一些很好吃的東西，那些食物的氣味，而且就在我的旁邊……他們都開始說服我，他們說：「沒有別人在這裡，也沒有人會將這件事告訴你的家人或你的父母，沒有人會知道。」我抗拒，但是我越抗拒，我就越被吸引，到了最後，我終於讓步，然後我開始吃，那些東西很好吃，但是整個晚上我都為此受苦，我至少吐了七次，要解除那十八年的制約並不是一件容易的事。我無法消化那些食物，我的整個身體都反抗，除非那些食物都被丟出來，否則我無法入睡……

奧修從很早年就開始表現出他的理性思考，以及將他的概念很邏輯、很清楚地表達出來的能力，他從六年級就開始演講和參加辯論，這些活動從九年級之後又增加了。他的朋友阿格哈．沙拉史瓦提告訴我說，即使在早年的時候，奧修就表現出他的辯論才華，他在辯論中不論挑那一方都可以擊敗對方。有一次，他在評論尼赫魯的「不結盟」外交政策的辯論賽中得到最佳辯論獎。還有一次他在朋友的家裡作一系列七天的關於宗教和靈性的演講。即使在他青少年的時候，他有時候也會被邀請去跟一些有名的學者、教士、或權威作公開辯論。他的伶牙利齒和尖銳的問題常常使他們覺得不舒服，但是直率以及敞開心靈的找尋一直都是他的特質。這個特質在一次印度教師節的演講中被呈現出來，那一次演講是在傑波普的一個者那教高中。每年九月五日，前印度總統兼教授和哲學家拉達克里虛南的生日是印度的教師節，奧修在那一次演講中語驚四座，因爲他說：

今天是教師們最不幸的日子……今天之所以被奉為教師節只是因為拉達克里虛南曾經是一位老師，而他現在當了總統。其實應該是，當一個總統放棄了他的職位來當老師，這才是老師真正的榮譽。

他熱情的追尋使他探詢所有各種主題的書，他常常整個晚上都在閱讀，這有時候會帶給他頭痛，但是他會在額頭塗一些解痛藥膏，然後再繼續讀，然後在黎明的時候，他就到河裡去游泳，雖然童年的時候他也會玩曲棍球、足球、和排球，但他對閱讀比較有興趣，在卡達瓦拉公立圖書館裡面仍然有一些借書卡上面只有奧修的簽名，他所閱讀的書從政治到哲學和科學，從宗教到偵探小說。不僅他本身的閱讀很廣泛，他也堅持要他的朋友們閱讀教科書以外的書，印度諾貝爾文學獎得主泰戈爾是他最喜愛的作者之一。

由於奧修超乎尋常的閱讀習慣，他很少去上學校的課，不僅如此，他還被視爲共產主義者，因爲他閱讀很多關於馬克斯、恩格爾，和其他共產主義的書，爲了這一點，他還遭到學校的威脅要將他退學。他在高中時代對共產主義的興趣來自他對窮人深深的關切。藉著朋友的幫助，他成立了一個小圖書館，裡面大部分是有關共產主義的書。他們在青少年時期對家人的關切甚至演變成要變成俠盜羅賓漢的幻想。據說他們計劃要買槍，以及向警察拿執照說他們的槍可以使用在強迫富有的人把錢給貧窮的人，當然，那個計劃是行不通的。根據奧修的叔叔阿姆里特拉爾所言，奧修甚至組織了一個年輕人的團體，經常討論共產主義的意識型態，以及他們對宗教的反對。阿姆里特拉爾在他們聚會所的牆壁上看到「宗教是一種鴉片」的標語。

雖然奧修對共產主義的思想有著濃厚的興趣，他個人還是比較偏向社會主義，他和他的朋友們都相信社會主義才是印度惡劣經濟狀況的答案。在他人生當中的這一段，奧修是一位無神論者，他常常公開批評宗教儀式，以及對經典的盲目信心。（在此我必須強調，奧修所練習的靜心並不是任何宗教儀式的一部分，也不是由任何宗教所指定的。根據奧修的看法，靜心基本上是一個非宗教的現象，它跟遵循一個宗教無關。在第五章，我們將會聽到更多他對靜心的看法。）奧修以下列的話來描述他當時的態度：

真實的情況是，那些從小時候就認識我的人，他們從來不會相信說宗教會跟我湊在一起，那是超出他們所預期的，因為我一直都在反對他們所稱的或所知道的宗教。對我而言，他們所稱的崇拜是非常荒謬的；對我而言，他們所稱的門徒只不過是一個逃避主義者。他們所稱的經典，他們會向它磕頭崇拜的經典，對我來講，只不過是一般的，可以用來墊脚的書。任何他們堅稱無庸置疑的東西，我都認為是不確定而值得懷疑的。他們的神、他們的靈魂、和他們的拯救對我來講都是一些笑話和好玩的東西。

雖然還在高中時代，奧修就一直對社會主義有興趣，但是他對它越來越採批判的態度。根據他的朋友古拉拜的描述，事實上在一九五〇年的時候，他就開始批評印度社會黨的重要領袖，像查亞·普拉卡西·那拉揚。有一次，奧修還以觀察家的身份參加了社會主義黨的全國性高階層會議，那次會議是在龐其馬利所舉行的，但是那次會議令他十分失望。

然而，儘管奧修閱讀了馬克斯和社會主義的文獻，或者參加了某些組織，他的追尋主要還是屬於心靈的。在所有的活動裡，它潛在的暗流一直都是心靈的探索。他在從對馬克斯和社會主義的迷夢中醒悟之後，他對他自己的方向和投入有了更清楚的想法，他變得十分清楚說人類痛苦和不快樂的根並不是隱藏在任何特定的社會或政治系統裡，它的根本原因是在另外的地方，奧修開始了解到，唯有意識的革命，而不是政治的革命，才能夠帶給人們和平和快樂。另外一個奧修長年的朋友西岩梭尼回憶道：

有一次，當我們還在高中時代的時候，在一個滿月的夜晚，我們有幾個朋友坐在河邊，那個時候大概是十一點左右，每一樣東西都很寧靜、很和平，突然間奧修打破沈默說他在宗教的領域有一個角色要扮演——其他沒有。他的依歸在於宗教。我喜歡而且賞識他的感覺，但是我簡直不能相信，因為在那個時候他非常投入共產主義，然而不久之後，我就開始注意到，除了宗教之外，每一件事對他來講似乎都變得沒有意義了。

奧修從對共產主義和社會主義的興趣轉變到對宗教和靈性的興趣大約是發生在一九四五年到一九五〇年之間。

儘管他有很多外在的活動，以及對某些觀念的熱衷，他對他的家人還是很尊重，而且很有愛心。但是，當有需要的時候，他會毫不猶豫地、而且很坦白地表達他的看法，他對他的決定一直都保持很堅定。在奧修和他父親之間所發生的這件事可以用來說明上述的論點。

奧修年輕的時候很喜歡留長頭髮，他因爲留了很長的頭髮，所以他父親達達的顧客常常會問說奧修是男孩還是女孩。達達必須一再地解釋說奧修的確是一個男孩，那些顧客們看到一個男孩留這麼長的頭髮都覺得很驚訝，最後，達達叫奧修去理頭髮，奧修拒絕，他的父親就打他——雖然並沒有打得太重。那是達達第一次打奧修，之後他覺得很不好而向他道歉，但是奧修立刻跑去剃光頭，看到奧修剃光頭，達達感到非常震驚，因爲按照印度的習俗，唯有在父親過世的時候，兒子才必須剃光頭。奧修告訴他父親要作一個選擇，看看是要讓他留長頭髮，或是要讓他剃光頭，達達後來讓他留長頭髮，至少這樣才不會給別人一個印象說他死了。從此以後，達達了解到他不能用他的意志加在兒子身上。

在十六歲的時候，奧修感受到另外一個很深的震驚。他孩提時代的女朋友夏許死於傷害，她住在奧修十四歲的時候要去死的那個古廟附近，她比奧修小兩歲，她父親是一個醫生。夏許深深愛上奧修，每當奧修進入廟裡靜心，她就會從花園或窗户望著他，她也常常會跟著他到廟裡去，這有時候會打擾到他，因爲他通常想要單獨。奧修會叫他的朋友看著那個廟的門，使夏許不會打擾到他的靜心，儘管如此，夏許知道說奧修有回應她的愛，他很親密地稱呼她爲「孤笛雅」，而且具有愛心地接受在他靜心之後她所帶給他的食物。

當夏許躺在即將過世的床上，奧修就在她的旁邊。死亡是那麼地確定，但是夏許要回來的決心也是同樣地確定，她決心要再回來跟她所愛的人在一起，來照顧他，她答應說她一定要再回來，他也答應說他一定要把她帶回來，她同時要他承諾說他一定永遠不要接受另外的女人，一定不要結婚，她並不想離開他，她從來就不想離開他。

奧修一個很親近的朋友告訴我說，在夏許過世之後，奧修變得更疏離，有很多天他都沒有跟任何人講話。奧修說：「我已經想不起來，」

我是否曾經去培養任何友誼，雖然有很多人想成為我的朋友。有很多人跟我作朋友，他們喜歡跟我作朋友，因為他們不可能使我成為一個敵人，但是我想不起來我曾經自己去找過任何人作朋友，這並不是說我從來不歡迎友誼，如果某人要跟我作朋友，我全心全意地歡迎，但即使如此，我也不能夠成為一個一般所認為的朋友，我一直都保持疏離。

就某方面而言，這使他保持自由，使他成爲他自己。

不管是跟我的任何一個老師，或是跟任何一個同學，或是跟其他任何人，我都無法發展出一個會使我淹沒的關係，會使我無法成為一個孤島的關係。朋友會來找我，跟我在一起，我也會見很多朋友，我有很多朋友，但是從我這一邊來說，沒有什麼東西能夠使我依靠他們，或者使我想起他們……我可以跟每一個人生活在一起，但不管我是在一個群衆裡，或是在一個社會裡，跟一個朋友在一起，或是跟一個親密的人在一起，我仍然是單獨的，沒有什麼東西會碰觸到我，我保持不被碰觸。

就在奧修的祖父過世的那個時候，那個抓住奧修的意識的孤獨主要是一種「單獨」的狀態，一種「自我滿足」的狀態，它具有一種非常正向的品質。奧修解釋說：「不快樂的原因存在於我們對別人的執著，對別人的期望，以及希望從別人那裡得到快樂。你從來沒有真正得到快樂，但是那個希望總是一直持續著，每當那個希望破滅，挫折就開始了。因此，就在我第一次經驗到祖父之死的時候，我變得對別人非常失望，從此以後我就不再嘗試……之後，我從來沒有變得不快樂，然後我經驗到了另外一種型式的快樂，那種快樂永遠無法來自別人。

奧修從他跟死亡的接觸發展出一種很深的靈性方面的洞見，他發現從別人身上找尋快樂是沒有用的，因此他從很早年就被迫去面對他「自己」，他從「自己」碰觸到了靈性的眞實存在。對他來講，事情變得十分淸楚：

當你接觸到自己，一開始的時候會經驗到不快樂的感覺，但是當你繼續去面對自己，眞實的快樂就會漸漸出現，相反地，跟別人接觸在剛開始的時候會給你快樂，但是到了最後會有不快樂，所以，就我的看法，當你被丟回你自己，走向心靈的旅程就開始了。

所以，從非常早年開始，奧修就使用每一個經驗和每一個情況來作爲走向內在成長的墊腳石。他的覺知使他能夠敞開心靈從各種經驗中學習，不錯過任何找尋眞理的機會。他妹妹、他祖父、和夏許的死給了他一些特別的機會去了解寄託在別人身上所產生出來的界限，因此而使他能夠超越那個二分性，他抓住了這些機會使他自己變得眞正自由——只要自己一個人就可以了。奧修本身在這一方面的觀察是很重要的：

生命給予很多機會把一個人丟回他自己，如果我們越聰明的話，我們就越快能夠從這樣的機會來拯救我們自己。通常在這樣的片刻之下，我們會從我們自己移開。如果我太太死了，我就立刻再找，然後我就再跟另外一個結婚；如果我失去了一個朋友，我就開始再去找另外一個，我不能夠讓任何空隙存在，藉著去填補那個空隙，我本來應該會有的回到我自己的機會，以及它無限的可能性就頓時喪失了。

如果我變得對別人有興趣，我就喪失了走向自己的機會。

在經驗他自己的「單獨」當中，奧修變得越來越是一個「局外人」，一個「陌生人」。他變得根植於一種超然的狀態，在那種狀態之下，即使他處於活動和人群之中，他仍然保持不認同，保持是一個局外人。「我自成一個宇宙。」奧修說。在提到他祖父之死的時候，他說：

這個新的經驗——一個奇怪的經驗——給了我一種痛苦，雖然它是一個「愉快的痛苦」。它就好像是這樣：在很年輕的時候，我就開始感覺和經驗到一種成熟和年長，在這個經驗裡面並沒有自我的涉入，但是有一種個體性仍然存在……

不難看出來奧修在他的孩提時代以及青少年時代過著一種有很多事發生的生活，但他本身仍然保持非常獨立，不論他做什麼事情，他都非常有興趣，而且很誠懇地去做它，但是他從來不去跟那個行爲認同，他一直都在那個行爲和他自己之間保持一個距離。在他所有的冒險過程當中，以及在他的每一個試驗當中，他從來不讓他自己被「不覺知」導入歧途。他的行動是他繼續找尋「那永恆的」以及「那最終的經驗」的一部分。在下一章裡面所要提到的故事將會顯示出這個追尋如何達到一種強度而把他帶上成道。

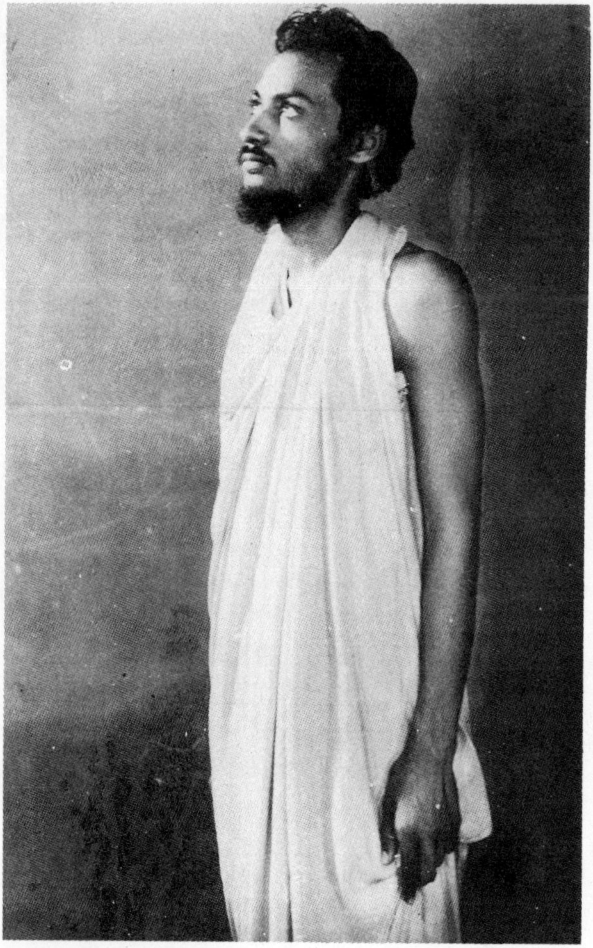

奧修大師十七歲

大學畢業

奧修大師誕生的房子

奧修大師的父母

奧修大師年輕時常去靜心的那座廟

一九六三年在傑波普靜心

一九七一年在孟買演講

奧修大師在普那社區演講

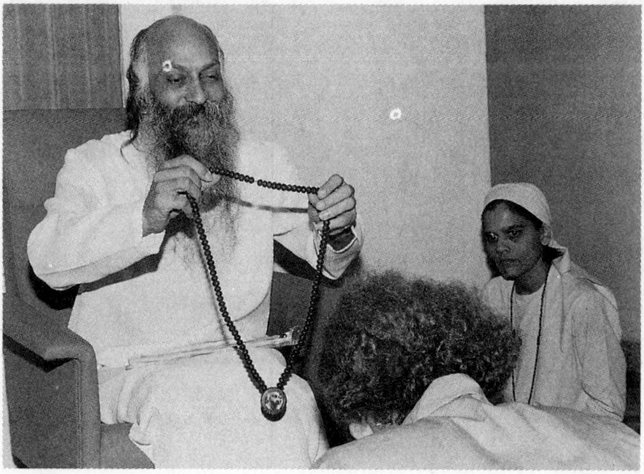

奧修大師點化門徒

奧修大師主持晚間的「達顯」

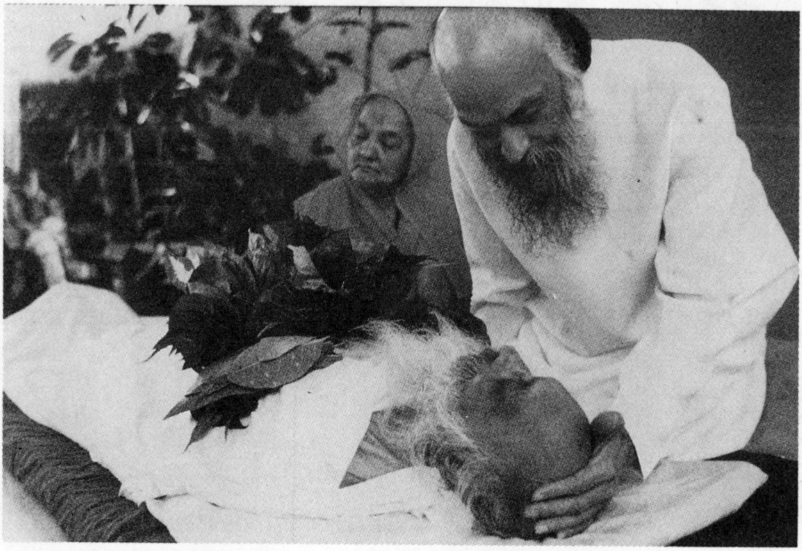

奧修大師父親的過世

第四章 成道

在西元一九五一年，當奧修十九歲的時候，他畢業於卡達瓦拉的高中，然後去到傑波普加入希特卡里尼學院，他跟他的表兄妹克蘭提和阿爾敏德住在一起，他們的年齡跟他差不多。克蘭提和阿爾敏德是奧修的姨媽拉特尼拜的孩子。在這兩個小孩還小的時候，拉特尼拜就過世了，她先生再婚，所以這兩個小孩就由他們的姑媽馬克瑪爾拜和她先生沙麥亞來撫養，他們本身沒有生小孩。

克蘭提在很年輕的時候就結婚，但是很不幸地，她先生在婚後一年就過世了。奧修對他這個成爲寡婦的表妹有很深的感情，所以他儘可能地幫助她，鼓勵她繼續升學，後來她當了老師。阿爾敏德畢業於商學院，後來當上了教授。

當奧修在傑波普的那一段期間，他們三個人住在一起，他們賺足夠的錢，互相扶持，過著一個蠻舒服的生活。

奧修在學院的那一段期間，他還是繼續著高中時代的作風，他仍然保持不妥協、不落入傳統、勇往直前。在他行使他的自由權時，他願意去承擔那個後果，因此他時常惹麻煩，在他上了兩年學院之後，他就離開了。

在上哲學和邏輯課的時候，奧修的表現特別引起困擾，不論教授說什麼，他總是會提出問題，而開始一長串的邏輯爭論，所以教授的課常常遭到耽擱。當教授警告他，叫他不要再爭辯，奧修就說，這樣上哲學課和邏輯課有什麼意義。用他敏銳的頭腦，他所提出來的問題和論點都是跟課程非常有關的，但是到了最後，教授已經受不了了，所以就向校長發出最後通牒：「不是奧修走就是我走。」校長把奧修叫到他的辦公室，要求他離開學校，他承認說奧修並不是眞的不對，但是他不能接受他最資深，而且最受尊敬的教授辭職。

奧修了解那個情形，所以同意離開，但是他要求校長要另外幫他找一間學校讓他就讀，這是一個很困難的要求，因爲那個時候學期已經快要結束了。校長答應要幫他連繫，但是奧修的名聲已經傳遍了整個城鎮，其他的學校也不願意接受他。到了最後，傑波普一個耆那教學校（D.N. Jain College）的校長同意要接受他，但是要奧修答應說不能再像以前一樣再向教授提問題，奧修說，那是不可能的，這樣的話，他不如待在家裡，而不要去上課，校長准許他只來參加考試。奧修用他自由的時間去找了一份工作，在一家報社當助理編輯，他在那一家報社只待了幾個月的時間。

這段期間對奧修的就業或受教育並不是特別重要，倒是他個人強烈地對「那永恆的」的追尋才重要。這段期間是他一生當中最關鍵性的時間，他被懷疑以及很可怕的不安全和空的感覺所包圍，那個處境非常痛苦，因爲沒有人可以引導他，可以了解他——他沒有師父，他在追求的途徑上只有單獨一個人。

就如前面曾經提過的，如果沒有先探詢過，奧修是不會接受任何東西的。如果沒有面對面碰到那眞實的存在，如果沒有親身體驗，奧修尤其不願意接受任何關於神存在的事。他質疑一切，他拒絕一切——包括成道的人，諸如克里虛納、馬哈維亞、佛陀、和耶穌等，以及像吠陀經、優婆尼沙經、聖經、和可蘭經等經典。如此一來，既然他了解到說這些來源已經不再能夠幫助他，他的追尋就變成完全個人的，完全孤獨的，所以他幾乎要瘋掉了，以奧修自己的話來講：

在每一件小事上都會有懷疑，除了懷疑之外其他什麼都沒有……而問題仍然是沒有任何答案。就某方面而言，我幾乎等於瘋子，我自己在害怕我隨時可能會發瘋。我晚上睡不著。

整天整夜……那個問題都圍繞著我……我就好像處於深海之中，找不到一隻船，也沒有任何地方可以靠岸。不論那裡有什麼船，我都拒絕或使我自己沈下去。有很多船和很多水手，但我拒絕踏進其他任何人的船，我覺得最好自己淹死也不要踏進別人的船。如果這就是生命要引導我的——要淹死我自己，那麼我覺得這個淹死必須被接受。

我的情況是全然的黑暗，它就好像我掉進了一個很深、很暗的井。在那些日子裡，我常常夢到說我掉進一個沒有底的井，一直一直往下掉。有很多次我從夢中醒來，全身都在流汗，流汗流得很多，因為那個往下掉是無窮無盡的，沒有任何地方可以歇脚……對我來說，沒有很清楚的途徑，它全部都是黑暗，下一步永遠都是黑暗的——沒有目的，而且晦澀不明，我的情況是充滿著緊張、不安全、和危險。

對奧修來講，沒有地方可以逃，也沒有捷徑。他知道得很清楚，他面對著一個在他一生當中非常重要的時刻，只要有一點點的不覺知，或是失去耐心，或是缺乏勇氣，他就可能會發瘋。就是因爲沒有師父在，所以情況才會變得那麼危急，他很辛苦地追尋了很久，但是他無法找到一個師父，他私下透露說：「很少能夠找到一個師父，」

很少能夠找到一個已經變成不存在的人，很少能夠找到一個幾乎是一個「不在」的「在」，很少能夠找到一個他就是進入神性之門的人，他就是一個敞開的、不會阻礙你進入神性的門，透過那個門，你就可以通過。真的是非常困難……是的，有時候一個人必須沒有師父而自己下功夫，如果師父沒有辦法找到，那麼一個人就必須沒有師父而下功夫，但是這樣的話，那個旅程將會非常危險。

這個非常強烈而且具有挑戰性的情況持續了一整年，它使奧修進入一個非常困難的頭腦狀態，奧修描述他在這一段期間所經歷的：

有一年的時間，幾乎不可能知道到底發生了什麼事情……使我自己保持活著變成一件非常困難的事，因為所有的胃口都消失了。有時候好幾天經過了，我也不覺得餓，有時候好幾天經過了，我也不覺得口渴，我必須強迫我自己吃東西，或是強迫我自己喝飲料。我的身體似乎是不存在一樣，我必須刻意傷害我自己才能夠感覺到我身體的存在，我必須用我的頭去撞牆才能夠感覺到它是否仍然存在，唯有當它受了傷，我才會感覺到身體的存在。

每天早上和每天晚上，我都會跑五英里到八英里，人們會以為我發瘋了，為什麼我要跑那麼多？一天跑十六英里！我只是要去感覺我自己……不要跟我自己失去連繫……我無法告訴任何人，因為每一件事都變得非常不協調，即使要說出一句話都會覺得非常困難。就在一句話當中，我就會忘掉我在說什麼；就在走路當中，我就會忘掉我要去那裏，然後我就必須回來……

我必須把我自己關在我自己的房間裡，我必須很注意不要講話，什麼都不要說，因為不管我說什麼，別人都會認為我發瘋了。

這種情形持續了一年之久，我只是躺在地板上，注視著天花板，從一數到一百，然後再從一百往回數，數到一。只是保持能夠數這些數目至少也代表我還具有某種能力。我會一再一再地忘記，我花了一年的時間，才再度把精神集中起來，才再度恢復正常的看法。

沒有人來支持我，沒有人告訴我說我到底走到那裏去了，或是到底發生了什麼，事實上，每一個人都在反對這個情況……我的老師、我的朋友、以及希望我變好的那些人。

在這些非常困難的日子裏，克蘭提用很大的愛心和奉獻來照顧奧修的需要。奧修常常訴苦說他的頭很痛，這件事使她非常擔心，她和她的哥哥阿爾敏德非常希望能夠盡點力，想要找看看有沒有辦法來治癒奧修的頭痛，但是奧修會以一種愛的態度來叫他們不要費心，因爲那是任何人都幫不上忙的。

奧修的父親也曾經提過奧修的頭痛。有一次那個頭痛非常嚴重，克蘭提和阿爾敏德必須拍電報到卡達瓦拉，然後達達必須趕到傑波普，達達認爲那是因爲奧修一向讀太多書了。如今他回想在卡達瓦拉的時候，奧修常常抹一些去除頭痛的藥膏在他的額頭上，然後繼續閱讀。奧修的母親同時回想到早年的一件事，有一次奧修的頭痛得很厲害，甚至開始流鼻血，她非常擔心，但是很幸運地，只有一下子，那個流鼻血就停止了，但是這些早年學生時代的頭痛似乎跟他閱讀的習慣無關，反而跟他所經歷過的心理狀態有關。

看到奧修的身體和心理狀況，他的家人開始懷疑說，占星學家所預測的，奧修可能會死在二十一歲那件事或許會實現。他們帶他去看很多醫生，但是奧修本身知道說這些狂熱的努力是沒有意義的。既然沒有任何藥物能夠有所幫助，奧修就堅持說不需要再去看醫生。奧修描述一次特別的看醫生的經驗：

我被帶到一個醫生那裏，事實上，我被帶去看過很多醫生，但是只有一個醫生告訴我父親說：「他沒有生病，不要再浪費時間。」當然，他們會把我從一個地方拉到另外一個地方，有很多醫生會給我藥吃，然後我會告訴我父親說：「你為什麼要擔心？我完全沒有問題。」但是沒有人相信我所說的話，他們會說：「你不要說謊，只要吃藥就好了，吃這些藥有什麼不對嗎？」所以我經常吃很多藥。

只有一個具有洞察力的醫生，他的名字叫做普拉沙德……那個老年人已經過世了，但他是一個稀有的具有洞察力的人，他注視著我，然後說：「他並沒有生病。」然後他開始哭著說：「我自己也一直在尋求這種狀態，他是幸運的。在這一生當中，我錯過了這個狀態。不必再帶他到任何人那裏去，他已經回到家了。」他的眼淚是快樂的眼淚。

他變成我的保護者，使我能夠不必再去看其他的醫生。他告訴我父親說：

「請你把這件事交給我，我會來照顧。」他從來不給我任何藥物，當我父親堅持要用藥，他就給我一些糖果，然後告訴我說：「這些是糖果，為了要安慰他們，你可以吃下那些糖果，它們雖然不會有所幫助，但是也不會有害，事實上，要幫助是不可能的。」

那個醫生對奧修體況的了解是正確的，因爲他的病是不尋常的，他不是一般的病人，奧修比任何醫生都更了解他自己的情況，以及那個病因。

現在事情已經超出我的控制，它就是這樣發生，我曾經下過功夫，在不知不覺當中，我敲了那個門，現在那個門打開了，我靜心好幾年，只是靜靜地坐著，什麼事都不做，漸漸地，我開始進入那個空間，那個心的空間，當你處於心的空間，你存在，但是你並沒有做任何事，你只是在那裏，你是一個「在」，你是一個觀照者。

奧修靜心的強度繼續加深，他的經驗引導他朝向一個很大的爆發。在他使用過的所有靜心方法裏，其中有一種坐在樹上的方法被證明是特別強而有力。大約在那個偉大的事件發生的一年之前，這個吸引人的經驗發生在普拉謀西的梭加。當奧修在傑波普的專科學校唸書的時候，他被邀請去參加一個辯論比賽，那個比賽是梭加大學所支持的。奧修在那裏停留三天，他描述當時發生的情況：

我慣常晚上坐在樹上靜心，有很多次，我覺得當我坐在地上靜心時，我的身體就會變得強而有力地佔上風，或許因為身體是由塵土所做成的。關於瑜伽行者所談論的到山上、或高地、或喜馬拉雅山上去修行，並不是無稽之談，它們是有科學根據的。身體和地面的距離越大，身體所產生出來的力量和壓力就會越小……而內在的力量就會增加。那就是為什麼每天晚上，我都習慣要爬到一棵很高的樹上專心靜心。

有一天晚上我迷失在靜心裏，以致於我不知道什麼時候我的身體從樹上掉下來，當我看到我的身體躺在地上，我覺得很懷疑，同時覺得很驚訝，我本來坐在樹上，然後我的身體變成躺在地上，這是怎麼發生的，我根本不了解。那是一個非常奇怪的經驗，有一條銀白色的光從我的肚臍連到我在樹上坐的地方，我沒有能力去了解，我也無法預知再來會發生什麼，而且我在擔心我要如何回到我的身體，我不知道我昏過去多久，我以前從來沒有過這樣的經驗。

在那一天，我第一次從外在來看我自己的身體，自從那一天以後，就不再只有我的肉身體存在；自從那一天以後，死亡也變成不存在了。因為在那一天，我經驗到身體和靈魂並不是兩樣不同的東西，並不是互相分開的東西。那是最重要的片刻：我了解存在於每一個人身體裏面的靈魂。

的確很難說那個經驗持續了多久。當早晨的曙光出現，兩個鄰近村莊的婦人帶著牛奶罐頭從那裏經過，看到我的身體躺在那裏，我從我所坐著的樹上看到她們在看著我的身體，她們走近我的身體，然後坐在旁邊，她們用她們的手掌碰觸我的額頭，就在那個片刻，好像產生一種純然的吸引力作用，我立刻回到我的身體，然後我的眼睛就睜開了。

我覺得一個女人能夠在一個男人的身體上創造出電流，同樣地，一個男人也可以在一個女人的身體上創造出電流，然後我去思考這一件巧合的事情——那個女人碰觸了我的額頭，我就立刻回到我的身體，這一切到底是怎麼發生的？它又為什麼會這樣發生？有很多這一類的經驗發生在我身上，我終於了解到，為什麼在印度有很多靈修的人，當他們在經驗三摩地（不受打擾的純粹意識狀態）和死亡的時候，必須有女人的協助。如果在一種很深的三摩地狀態下，那個「心靈的自己」走出了男人的身體，那麼如果沒有女人的合作和協助，它就無法回到身體，同樣地，如果它走出了女人的身體，那麼如果沒有男人的協助，它就無法回到她的身體。男人和女人的身體一接觸，就有一種電流會產生，然後一個電的圓圈就成立了。就在那個片刻，走出去的靈魂意識就會回到身體上來。

在那件事情之後，我在六個月的期間裡經驗到六次這樣的現象，在那個多事的六個月期間裡，我覺得我的壽命好像減少了十年，換句話說，我本來會活到七十歲，現在有了這些經驗，我就只能活到六十歲。在那六個月裡，我居然有這麼不尋常的經驗。我胸部的毛都變白了，而我並沒有掌握到所有那些事情的意義，然後，我覺得這個肉體和那個心靈本質之間的連結受到了打擾，它們之間自然存在的調節功能也遭到了破壞。

當奥修越來越深入靜心，他的問題就消失了。他的作爲（doing）也停止了，他的追尋來到了一個沒有任何地方可以去的點，就好像幾年前奥修在他祖父過世的那個時候，他也被帶到這個中心，但是現在這個經驗已經變成永恆了。奥修描述說在內在的深處是空的，沒有一個做者，他已經喪失了野心，他已經沒有任何慾望要變成某一個顯赫的人物，或是去到達任何一個地方，他已經不關心神或涅槃。「那個想要成佛的病已經完全消失了。」奥修自己說。那個正當的時刻已經來臨了，那個門即將要打開，黎明已經離得不遠了，奥修自己描述：

終於有一天，我達到了一種沒有問題的狀況，並不是說我已經得到了答案

，不！而是所有的問題都消失了，然後有一個很大的空產生出來，這是一種爆發的現象，生活在那種情況下就好像正在垂死一樣地舒服，之後那個問題的人已經死了。在經驗了那個空之後，我就不再問問題。那些可以問問題的事情變得不存在，以前我是一直問、一直問，但是在那次經驗之後，我就不再問問題了。

大約有二十年的時間，奧修並沒將他成道這一件事透露給別人。那個故事的發生有一點戲劇性。有一天晚上，當奧修住在孟買的伍德蘭公寓，別人常常問奧修的表妹克蘭提說，她是否知道奧修在什麼時候成道。她都無法告訴他們，因爲她本身也不知道，但是每次有人問她關於這件事，她就會再度想從奧修那裏得到答案。

最後，克蘭提問奧修關於他成道的事：

昨天晚上，西元一九七二年十一月二十七日，我那隱藏很久的好奇心變得不能控制，大概在十一點半鐘的時候，奧修喝了牛奶之後上床睡覺，我也躺下來準備要睡覺，突然間我覺得想問奧修說他什麼時候成道，那個念頭一升起，我就馬上問說：「你什麼時候成道？」奧修笑著說：「是你自己想要知道的，或者是因為別人一直問你這個問題，所以你才問？」

我說：「兩者都有，請你告訴我。」奧修又開始笑，然後說：「我以後再告訴你。」我說：「我現在就要知道。」他說：「你去想一想就會知道。」

我沈默了一下子，然後我說：「我認為你是在二十一歲或二十二歲的時候成道。當時你是大學二年級的學生。」我一提到這一點，奧修就變得稍微嚴肅地說：「是在二十一歲的時候，而不是在二十二歲。」然後我對那個年代和日期變得好奇，所以我再繼續問。

奧修說：「是在一九五三年的三月二十一日。」在一陣沈默之後，我再問：「它是在什麼地方發生的？那一天有沒有發生任何不尋常的事情？」

奧修說：「回想一下，你就會記得每一件事。」我繼續靜靜地躺在那裡，然後我想起二十年前的一個晚上，我說：「那天晚上，你突然在十二點鐘的時候告訴我說你要離開，然後，你在三點鐘的時候回來。」

奧修說：「你完全說對了，剛好就在那個晚上。」我簡直不能相信說我所看到的是真實的，現在居然由奧修親口告訴我說那的確是真的，以前我怎麼沒有看出來？這一切都是他的遊戲，這一切都是他在做的，當這些思想在我的頭腦裏轉來轉去，我又升起了另外一個好奇：奧修是在那一天晚上的什麼時間和什麼地方成道的？我立刻問說：「那天晚上你去那裏？」

奧修說：「去曼華陀（Bhonvartal）花園。」他一提到那個花園，我就立刻想起一棵樹，我說：「你去到花園，然後坐在那棵艾秀卡樹的樹下。」

他說：「不，我是坐在那棵摩斯里（maulshree）樹底下。」然後我問：「既然你從十二點到三點都待在那個花園裏，那件事到底是在那個晚上的什麼時間發生的？」

他說：「回想一下，你就會記得。」我沈默了一下子，然後那天晚上的所有情形都出現在我的眼前：當時他怎麼離開家，然後輕輕地把我叫起來說他要出去，但是不知道什麼時候回來，他離開的時候就只有告訴我這麼多。我整個晚上都坐在那裏等他回來。

然後我可以回想到當時的整個情形，我甚至可以回想到他當時的姿勢，不知道怎麼樣，我覺得那件事一定是發生在兩點鐘的時候，當我有了兩點鐘的這個想法，我就告訴奧修。

他說：「它剛好就是發生在兩點鐘的時候，你時間抓得很對。」我再度感到非常驚訝，當時我覺得非常非常高興，以致於我變得無法入眠。我一再一再地覺得想要把每一個人都叫醒，然後告訴他們我所知道的這件事。

奧修本身談到，爲什麼幾乎有二十年的時間，他不願意把他成道的故事透露出來：

有很多人問我說，如果我是在一九五三年成道，為什麼我一直保持沈默？幾乎有二十年的時間，我從來不對任何人談論跟這件事有關的任何東西，除非有人懷疑，或者是直接問我……「我們覺得有什麼事已經發生在你身上，我們不知道它是什麼，但有一件事是可以確定的：一定有什麼事發生了，你已經不再跟我們一樣，你在隱藏它。」

在那二十年裡面，沒有超過十個人曾經問過我這樣的問題，即使他們問了，我也是儘可能避開，除非我覺得他們發問的慾望非常真誠，而且唯有當他們答應我要保密，我才會告訴他們，我發現他們都能夠做到，現在他們都是我的門徒……我說：「你們等著，等到正當的時刻來臨，我就會宣佈。」

我從過去許多成佛的人那裏學到很多。如果耶穌不說他是神的兒子，那麼對整個人類將會有更大的好處。

除非奧修停止在國內旅行，否則他堅持不透露這一件事，因爲這一件事的透露一定會對他的生命構成很大的危險。

有二十年的時間，我一直持續在國內旅行，身邊連一個保鏢都沒有，我經常處於危險之中，有一些人會對我丟石頭，有一些人會對我丟鞋子。

我會坐二十四個小時的火車，然後去到一個小鎮上，而那些群衆不允許我進入那個車站，他們會強迫我回去，有一群人會希望我下車，而另外一群人則不希望我下車，他們會互相吵架。

如果我宣稱說我已經成道了，我一定很容易就會被殺害，那是沒有問題的，那是很容易就會發生的，但是有二十年的時間，我對這件事都一直保持絕對地沈默，唯我當我看到我已經聚集了足夠的可以了解我的人，足夠的屬於我的人，我才要宣稱，唯有當我能夠創造出我自己的小小的世界，而且，我不再顧慮到那些群衆和那些愚蠢的暴民，我才要宣稱。

在二十年之後，奧修以他自己的語言來描述那個難以置信且強而有力的經驗，他比其他任何一個曾經成道的人，或任何一個佛對於那個經驗的描述都更詳細：

我想起一個命中註定的日子，那是一九五三年的三月二十一日，有很多世，我都一直在自己的身上下功夫、奮鬥、做盡一切我所能夠做的，但是什麼事都沒有發生。

現在我已經了解到為什麼什麼事都沒有發生，那個努力就是障礙，那個手段本身就是在阻止這一件事的發生，那個想要去找尋的驅策力本身就是一個障礙。並不是說一個人不需要找尋就可以達到，找尋是需要的，但是有一個點會來臨，到那個時候，找尋必須被拋棄。要跨越河流，船是需要的，但是到時候你必須把船拋棄，忘掉關於它的一切，將它留在背後。努力是需要的，如果沒有努力，你不能達成任何事，但是如果只有努力，你也不可能達成任何事。

就在一九五三年三月二十一日的七天之前，我停止在我身上下功夫，有一個片刻來臨，在那時候你看到了整個努力的沒有用，你已經做盡一切你所能夠做的，但是仍然沒有什麼事發生，你已經做盡一切人為所能夠做的，其他你還能夠做些什麼呢？在全然的絕望當中，一個人就放棄了所有的追尋。

當追尋停止的那一天來臨時，當我不再找尋任何東西的那一天來臨時，當我不期待任何事發生的那一天來臨時，它就開始發生了，不知道來自那裏，有一股新的能量升起，它並不是來自任何一個來源，它來自無處，也來自任何一個地方。它在樹木裏、在岩石裏、在天空裏、在太陽裏，也在空氣裏，它到處都是。我以前找得很辛苦，我以為它是在很遠很遠的地方，但它卻是那麼地近。

……有七天的時間，我生活在一種非常絕望、非常無助的狀態下，但是就在那個時候，有某些東西正在升起。當我說絕望，我的意思和你對絕望的解釋有所不同，我只是意味著在我內在沒有希望，希望不存在，我並不是說我是絕望而悲傷的，事實上我非常快樂、非常寧靜、非常鎮定、非常歸於中心。絕望，但是是以一種全新的意義來說的，沒有希望，所以怎麼可能有絕望，兩者都消失了。

那個沒有希望是絕對的，而且是全然的。希望消失了，而且跟它對等的絕望也消失了，那是一個全新的沒有希望的經驗。它並不是一個負面的狀態，它是非常正面的，它並非只是「不在」，你同時可以感覺到它的「在」，在我裏面有某些東西在橫溢，把我給淹沒了。

當我說我是無助的，我的意思和字典裏的意思不一樣，我只是在說我是「無我」的，那就是我所說的無助。我認出了我不存在那個事實，因此，我無法依靠我自己，我無法站在我自己的基礎上，我陷入一個無底的深淵，但是並沒有恐懼，因為沒有什麼東西要去保護；沒有恐懼，因為沒有一個人可以來害怕。

那七天的時間是一個非常大的蛻變，是一個全然的蛻變，到了最後一天，有一股全新的能量出現，有一道新的光和新的喜悅出現，它變得非常強烈，幾乎無法忍受，就好像我要爆炸一樣，就好像我喜樂到要發瘋一樣，西方的新生代對這樣的情況用了一個很好的字眼：我喜樂到了極點，幾乎整個人都僵掉了。

關於所發生的這一切，幾乎不可能去解釋，它是一個非常荒謬的世界，很難去理解它是什麼，很難說它是屬於那一類，很難使用文字、語言、和解釋來描述它。所有的經典都顯得死氣沈沈，所有曾經用來描述這個經驗的文字都顯得不足，它是那麼地活生生，就好像是一個喜樂的潮浪。

整天都覺得很奇怪，處在一種暈眩的狀態下，那是一個使你粉碎的經驗，好像過去消失了，好像它從來就不曾屬於我，好像是我在某一個地方讀過它，好像是我曾經夢想過它，好像是我從別人那裏聽來的故事，我變得跟過去失去了連繫，我從我的歷史被分離出來，我失去了我的自傳，我變成一個不存在，我變成佛陀所說的阿那塔。界線消失了，差別消失了。

頭腦消失了，它變得離你有好幾百萬哩遠，很難去抓住它，它一直衝向更遠更遠的地方，沒有一個力量可以抓住它。我對這一切變得漠不關心，整個情況還好，但就是沒有一股力量可以使現在和過去連接起來。

到了晚上，事情變得很難忍受，我變得非常痛苦，它就好像一個女人要生孩子的時候，那個女人會經歷一個很大的痛苦——孩子要出生的痛苦。

在那個時候，我通常在晚上十二點到一點睡覺，但是在那一天我變得不能保持醒著，我的眼睛一直要閉起來，很難使它們保持張開，有某種東西一直在逼近，有某種東西即將發生，很難說出它是什麼，或許它將會是我的死亡，但是在我裡面並沒有恐懼，我已經準備好要去接受它。那七天的時間非常美，我已經準備好要去死，已經不需要再有什麼東西，它是那麼地喜樂，我感到無比的滿足，如果死亡真的來臨，我也會歡迎它。

有一件事即將要發生，一件好像是死亡的事，一件非常激烈的事，一件或者是死亡或者是新生的事，一件被處死或是復活的事即將發生，一件具有重大意義的事就在周遭，我不可能使我的眼睛保持張開……

我到了快八點才入睡，但它並不像睡覺，現在我可以了解派坦加利所說的，睡覺和三摩地是類似的，只有一個差別，在三摩地的狀態下，你在睡覺，但同時你是完全清醒的。睡覺和清醒在一起，整個身體都放鬆下來，身體的每一個細胞都完全放鬆，所有的功能都放鬆，但是那個覺知的光在你裡面燃燒……很清楚，而且沒有煙。你保持警覺，但是很放鬆，你整個人都很鬆弛，但是完全清醒，身體處於最深的睡眠，但是你的意識卻處於它的頂峯，意識的山峯和身體的山谷會合在一起。

我進入了睡眠，那是一個很奇怪的睡眠，身體在睡覺，但我是清醒的，那個狀況非常奇怪，就好像一個人被撕開到兩個方向、兩個層面，好像那個兩極性完全集中在一起，好像我是兩極會合在一起；正極和負極會合在一起；睡覺和覺知會合在一起，死亡和生命會合在一起，在這個片刻，你可以說它是「創造者和創造會合在一起」。

它非常奇怪，它首度地把你震撼到最根部，它動搖了你的基礎，經過了那一次的經驗之後，你就永遠不可能再一樣了，它帶給你的生活一個新的看法、新的品質。

大約在十二點鐘的時候，我的眼睛突然睜開了，我並沒有去打開它們，那個睡眠被其他某種東西打斷了，我覺得在房間裏有一個很大的「在」圍繞著我，那是一個很小的房間，我感覺到一個正在悸動的生命圍繞著我，一個很大的震動，幾乎就像一個帶著光、喜悅、和狂喜的暴風雨，我在它裡面被淹沒了。

它是那麼地真實，以致於每一樣東西都變得不真實，房間的牆壁變得不真實，房子變得不真實，我自己的身體也變得不真實……

那天晚上，另外一個真象打開了它的門，另外一個層面進入存在而隨時可被觸及。突然間，它已經在那裏，另外一個實體、一個分開的實體、那個真正真實的，或者不論你要怎麼稱呼它，你可以稱之為神、稱之為真理、稱之為達摩、稱之為道，或者你要怎麼稱呼它都可以。它是無名的，但是它就在那裏——那麼地不透明，同時又是那麼地透明，但卻又是那麼地具體，好像你可以觸摸到它，處在那個房間裏幾乎使我窒息，它來得太強了，我還沒有能力吸收它。

有一個很深的衝動在我裡面升起，想要跑出房間，跑到天空底下。它真的快要使我窒息，它真的太強了！它幾乎殺死我！如果我在那裏多待幾個片刻，它一定會使我窒息，它看起來就像那樣。

我衝出房間，跑到街上，有一股很大的衝動存在，只是想跑到天空底下，跟星星在一起、跟樹木在一起、跟大地在一起……跟自然在一起。我一跑出去，那個快要窒息的感覺就消失了。對於這麼大的一個現象，那個地方太小了，對於那麼大的一個現象，甚至連天空都覺得很小……它比天空來得更大，甚至連天空也無法當它的界線，但是當我跑到天空底下，我就覺得比較安然。

我走向附近的花園，那是一個全新的走入，好像地心引力已經消失。我在走路、或者我在跑步、或者我在飛，很難決定你是那一個。沒有地心引力，我覺得身輕如燕，好像某種能量在帶領著我，我被交在某種能量的手中。

我首度感覺到我並不是單獨的，我首度感覺到我不再是一個個人，小水滴首度掉進了大海，現在整個海洋都是我的，沒有界線。有一股很大的力量從我內在升起，好像我能夠做任何事，我並不在那裏，只有那個力量在那裏。

我去到了那個我每天都在去的花園，那個花園晚上是關閉的，時間已經太晚了，因為那幾乎是晚上一點鐘，看守花園的人已經在睡覺，我必須好像小偷一樣地進入那個花園，我必須爬過花園的門，有一種力量把我拉向花園，我沒有能力去阻止我自己，我只是隨著它漂流。

那就是我一再一再地說「隨著河流漂浮，不要去推河流」的意思，我非常放鬆，我處於一種放開來的狀態下，我不存在，只有「它」存在，你可以稱它為神——只有神在那裏。

當我進入花園，每一樣東西都變得發光，那個光到處都是，那個祝福到處都是，我首度以一種全新的眼光來看著那些樹——它們的翠綠、它們的生命、它們的樹枝在流動。整個花園都在睡覺，樹木都在睡覺，但是我卻能夠看到整個花園都是活生生的，即使那些小小的草葉都是那麼地美。

我往四周看了一下，有一棵樹特別亮——那棵莫斯里樹，它吸引著我，它把我拉向它，我並沒有去選擇，是神本身選擇了它，我走到那棵樹，我坐在那棵樹下，當我坐在那裏，整個事情就開始定下來，整個宇宙都變成一個祝福。

很難說我處於那個狀態下有多久，當我回到家，已經是清晨四點鐘了，所以我一定在那裏至少有三個小時，但是它對我來講好像是永恆的，它跟時鐘上的時間無關，它是無時間性的。

那三個小時變成整個永恆，變成無止境的永恆，沒有時間，沒有時間的經過，它是處女般的真實存在——沒有被腐化的、沒有被碰觸過的、無法衡量的。

那一天持續有一些事發生，它並非真的是它的連續，但它仍然以一個暗流在持續著。它並不是一直不變的，它每一個片刻都一再一再地發生，它每一個片刻都是一個奇蹟。

就某方面而言，奧修的故事在此告一段落。奧修說：「在那一次爆發之後沒有故事，在它之後沒有事件發生，所有的事件都發生在爆發之前，在爆發之後就只有空。」他的追尋來到了一個終點。就某方面而言，那個占星學家的預測終於成眞，那個叫做奧修的人死於二十一歲，但是他同時再生了，那個奇蹟發生了，他再度被生出來，但並不是以一個肉身體再度被生出來。他達成了某些東西，但它並不屬於這個世界，他只是回到了家。

需要在這裡簡單提到的是，成道並不是一個可以用邏輯名詞來解釋的觀念，而是一個超越邏輯而不能用語言來解釋的經驗。同樣地，成道並不是一件能夠使一個人離地面六英尺走路，或是走在水上的事，我不知道佛陀成道時的情形是怎麼樣，但是那個現象似乎很吸引人，以致於我們都很崇拜它。

在奧修這個個案裏，那個事件就某方面而言是一個奇蹟，但是事實上它也不是什麼奇蹟，花蕾開花了，那個隱藏的變成顯象的。那個開花是一個奇蹟，也不是一個奇蹟。就種子蛻變成某種難以相信的東西而言，它是一個奇蹟，而就它是一個自然進化過程的頂點而言，它並不是一個奇蹟。

奧修一再一再地強調說，成道已經存在了，它已經是我們本質一個完整的部分，它並不是一件在未來某一個地方要達成的事。誠如奧修所指出來的，成道已經在我們的手邊，一個人只要能夠「放鬆地進入它」即可。他解釋說：

成道的人並不是一個已經到達最高峯的人，也不是一個已經達到梯子最高階的人。你們都是在爬階梯的人……你們需要一個階梯……成道並不是階梯的最後一階，成道是從階梯上下來，永遠走下來，從此以後不再要求任何階梯，成道是變得很自然。

因爲某些對於成道的解釋很容易造成追求者的混亂，所以奧修警告我們說要小心。以斯里阿魯賓多（Sri Aurobindo）對於「超意識」的描述作爲一個例子，奧修評論道：

成道是一個自然的狀態，它並不是某種超意識的狀態，或是超心理的狀態，要避開斯里阿魯賓多以及他的用詞，那些都是頭腦的遊戲。成道並不是某種非常特別的東西，它是非常平凡的，它是那麼地平凡，所以不需要去誇大它。

奧修成道之後的故事是一個新的故事，它跟他的過去不連續。成道之後，他的自我已經停止存在，他不是一個「做者」，他沒有在「做」。奧修說：「那天晚上我變成空，同時變成充滿的，」

我變成不存在的，同時變成存在。那天晚上我死掉了，同時再生，那個再生的跟那個死掉的無關，它是一件不連續的事……那個死掉的已經完全死了，任何屬於他的東西都沒有留下來……甚至連一個影子也沒有留下來，它已經完全死掉了、全然死掉了……在三月二十一日的那一天，那個已經活了很多很多世，已經活了好幾千年的人死掉了，另外一個全新的、跟舊有的完全沒有連接的人開始進入存在。

以它最純粹和最原始的意義來講，那個死亡的經驗是一種宗教性的經驗。奧修繼續描述道：

宗教只是給你一個完全的死，也許那就是為什麼在那個發生之前，我整天都覺得好像要死掉一樣，而我真的死了。我曾經知道很多其它的死，但是跟這個相比，它們並不算什麼，它們只是部分的死。有時候是身體死了，有時候是頭腦的一部分死了，有時候是自我的一部分死了，但是就整個人而言，它還是存在。它被更新了很多次，被裝飾了很多次，在很多地方被改變了一些，但它還是存留下來，那個連續仍然存在。

那天晚上那個死是全然的，那是一個「死」和「神」同時存在的日子。

然而那個事件並沒有改變奧修的日常生活，也沒有改變他的生活形態，他還是繼續去上課，每當他想去上課，他就去上課，但是大部分的時間他都忙於閱讀和寫作。然而他在當時以及稍後的閱讀是爲了不同的目的。在成道之前，他的閱讀是他自我追尋的一部分，但是在那次發生之後，閱讀變成了他的一項工作，用來幫助那些還在追尋的人，閱讀使奧修能熟悉於當時的思想、研究、和名詞，它使得他能夠在當今生活的架構下，以最現代的用語來溝通和分享他的經驗。

奧修替很多家印度的報社和雜誌社寫文章，他的語言和風格非常具有詩意，他的思想頗爲深奧，他同時被要求在傑波普和其他城市作演講，以及參加辯論，他的談話是原創的、激烈的、而且是很眞實的。

在西元一九五五年，奧修從著名的梭加大學拿到了他的哲學學士學位，然後開始進入研究所。在梭加大學的時候，他住在學生宿舍兩年。在西元一九五七年，奧修拿到了哲學的碩士學位，他被認爲是一個傑出的學生，他住在學校的那兩年過得非常愉快，因爲他能夠完全沈浸在藏書豐富的大學圖書館裡面，而且同時能夠享受很悦人、很自然、四周被小山所包圍的環境。奧修不太去上課，他大部分的時間都花在圖書館裡面看書，以及晚上在繁星的天空下到處閒逛，享受雨滴或是在山間小路散步。即使在假日圖書館關閉的時候，你也可以發現他在圖書館前的草坪讀書，或者是單獨一個人在大自然裡面遊盪。

他在梭加大學那兩年的生活跟以前同樣地有趣，它反應出奧修一直都有的叛逆和對新事物的嘗試，他並不在乎他是否遵循家庭、社會、學校、或宗教的訓諭。

奧修解釋說，一個人並不是要去整合，他在內在深處已經整合了，雖然在周圍還有很多動盪不安，因此，一個人必須向內移，當一個人越深入內在，他就越會發覺他已經整合了。要如何去發現它呢？關於這一點，他建議說：「只要做你喜歡做的，如果你不喜歡做，那麼你就不要做。」他敘述他自己的經驗：

我在上大學的時候經常這樣做，人們都以為我瘋了，我在做什麼事的時候會突然停止，然後停留在那個姿勢半個小時或一個小時，除非我覺得我開始喜歡再走，我才移動，我的教授們都很害怕，所以在考試的時候，他們會把我送進車子裏面，帶我到學校的大廳，他們會把我放在門口，然後在那裏等著，看看我有沒有走到我自己的座位？如果我在洗澡，然後我突然覺得不喜歡，我就會停止，這樣做有什麼意義呢？如果我在吃東西，然後我突然覺得不喜歡，我就會停止。

同樣地，有一次，當他在卡達瓦拉的高中上課的時候，他在第一次上數學課的時候就站起來告訴他的老師說，他不要再回來了，因爲他不喜歡那個課。奧修指出：「漸漸地，它變成一個鑰匙，我突然了解到每當你喜歡做什麼事的時候，你就歸於中心，喜歡就是歸於中心所發出來的聲音，每當你不喜歡做什麼事，你就脱離中心。」

一個人可以藉著了解奧修對於三種人格品質的實驗來了解他的生活，有一種人是不活動的、遲鈍的、怠惰的，另外有一種人表現出強烈的活動或熱情，第三種人具有一種寧靜、鎮定、和智慧的品質。克里虛納在吉踏經裡對這三種人有詳細的解釋。

一般而言，這三種性格都存在於每一個人裡面，只是比例有所不同而已，這三種性質的混合形成了每一個人的性格，不管那一種品質在一個人裡面是多麼明顯，另外兩種品質還是會存在，雖然有時候是潛伏的。

奧修在評論過去的諸佛——耶穌、穆罕默德、老子、拉瑪那馬赫西、和克里虛納時說：

> 強烈活躍的品質是耶穌和穆罕默德表達的媒介，不活動是老子和拉瑪那馬赫西比較突出的品質，但是克里虛納同時使用這三種品質來作為他表達的媒介，就好像等邊三角形具有同樣長度的三條線。在克里虛納的性格裏，這三種品質都存在，而且等量聯合在一起。

因爲如此，克里虛納的行徑並不是前後一致的，所以克里虛納的生活和行徑備受誤解，相較之下，佛陀、老子、穆罕默德、和耶穌的行徑就非常前後一致，因爲他們只表現出一個非常明顯的品質。奧修和克里虛納一樣，都表現出三種品質，但是他們之間有一個差別：奧修是連續地使用它們而不是同時使用它們。奧修說：「依我看來，這是最科學的方式，因此我選擇這樣的方式。」

在進一步反映出克里虛納和奧修本身性格的類似性時，奧修解釋道：

在我裡面也有前後不一致，但是並沒有像在克里虛納的身上那麼多，在我自己的實驗裏，我使用了另外一種可能性。每一個人裡面都具有這三種品質，唯有當這三種品質都被使用，一個人的人格才算完整，任何一種品質都不該遭到壓抑，克里虛納不贊成壓抑，我也不贊成壓抑，不管一個人裡面具有什麼品質，它都必須被創造性地使用。

奧修早年一直都被認爲很懶惰，對家庭沒有什麼幫助，然而這是因爲他經常在做不活動和怠惰的性格實驗。

我人生最初的幾年都像老子一樣地渡過，因此，我對老子的執著是非常基本的，我對每一件事都不活躍，不活躍是我所追求的成就。只要可能，我就什麼事都不做，除非是不可避免或是一定要做，我才去做，如果沒有理由，我連一隻手或一隻脚都不會去移動。

有一個描述：

在我的家裏，有一個情況，我的母親坐在我的面前，她說：「我找不到人到市場去幫我買菜。」當我很閒散地坐在她面前，我會聽到這些話。我知道即使房子失火了，她也會告訴我說：「我們家失火了，我找不到人可以來滅火。」靜靜地，唯一我所做的事就是完全覺知地觀照著我的不活動。

在這段期間裡，這個不活動的品質對奧修在三種性質的實驗變得很重要。

在我自己的實驗裏，我選擇在一個時間裏只表達一種品質。首先我選擇不活動，因為這個原則對每一個人來講都是基本的。當一個小孩在母親的子宮裏成長九個月，它就是生活在這種品質裏，小孩子不會自己去做任何事，它處於完全不活動的狀態下。

奧修發現說這個品質不僅是最突出的一個，他同時指出這個在子宮裏不活動的狀態就靈性上而言也是重要的。

小孩子在子宮裏了解到最高的寧靜，這個記憶隱藏在無意識的深處，在母親的子宮裏那幾個月的經驗非常喜樂，因為在那個時候什麼事都不必做……對你而言，只是存在。這個狀態跟我們所稱的「解放」的狀態非常類似。

因此奧修教導我們說，那個對寧靜和喜樂狀態的追尋並不是偶然的，它是跟我們內在深處的無意識相關的，它是在找尋子宮裏的喜樂狀態，但是子宮裏的生命和任何想要再去經驗它的企圖之間有一個重要的差別。在子宮裏的狀態是生物成長過程的一部分，小孩子並沒有意識到那個狀態，但是當一個人在靈性經驗的高峯重新體會那個狀態時，他是完全有意識的。奧修使用一個隱喻來描述那個不活動的功能；

不活動是基礎，而令人喜樂的寧靜是高峯，這個我們稱之為生命的房子是建築在不活動的基礎上，那個中間結構是活躍的部分，而那個廟的屋頂是最終的喜樂。依我看來，這就是所謂生活的整個架構，那就是為什麼我在我人生的第一部分練習不活動。

在奧修對這三種性質的試驗裏，有一個經常存在的因素就是他的覺知以及他對每一個狀態的觀照，他是一個不與事物認同的觀察者。他藉著敘述下列的故事來描述他覺知的本性：

在我上大學的最後一年，有一個哲學教授，就像大多數的哲學教授一樣，他也是非常固執而且奇怪，他對於決定不看任何女人這一點非常固執。很不幸地，在他的課堂上就只有我和另外一個女孩，所以這個教授在教我們的時候必須閉起眼睛。

這對我來講是一件很幸運的事，因為當他在講課的時候，我就可以在班上睡覺，因為班上有一個年輕的女孩，所以他不能夠打開他的眼睛，然而那個教授對我感到很高興，因為他以為在整個大學裏至少還有另外一個人跟他是一樣的，相信不看女人的原則，所以，有很多次，當他私下碰到我的時候，他告訴我說我是唯一能夠了解他的人。

但是有一天，我這個形象被打破了，那個教授還有另外一個習慣，他不認為他的演講必須以一個小時作為段落，所以他一直都是在整個大學裡上課上得最晚的，他會說：「什麼時候開始講課操縱在我的手裏，但是什麼時候結束並不操縱在我的手裏。」所以他的演講可能會在六十分鐘之後結束，或是在八十分鐘之後結束，或是在九十分鐘之後結束，這對他來講都沒有什麼差別……

我和那個年輕的女孩之間有一個默契，在那一堂課快結束的時候，她要叫醒我。有一次，她剛好在上課期間有急事被人叫出去，所以她就離開了，我繼續睡覺，然後教授繼續講課，當那一堂課結束的時候，他睜開眼睛，發現我在睡覺，就把我叫醒，然後問我為什麼在睡覺，我告訴他：「既然你發現了我在睡覺，我就乾脆告訴你，我每天都在睡覺，我並沒有跟那個年輕的女孩吵架。在你講課的時候睡覺，我覺得很舒服。」

在這幾年當中，睡覺對奧修來講變成一種靜心，他在睡覺的實驗當中了解到克里虛納傳達給阿朱納的訊息：「即使在晚上的時候，其他整個世界都在睡覺，聖人也一直保持清醒。」奧修在他的睡覺當中經驗到了清醒、經驗到了觀照的狀態，這跟一個人在睡覺當中保持無意識是不同的。奧修發現如果一個人繼續睡覺，睡得比身體的需要來得多，那麼「有一個在你裏面的人會保持覺知，而觀照著在你周遭所發生的一切……然後在你裏面就有一種清醒的聲音會被聽到。」

奧修描述他在梭加大學期間這個不活動的階段：

我刻意地不做任何事，我住在學校宿舍有兩年，我從來沒有清潔或打掃我的房間，我把床擺在門口，所以我能夠從我的門跳進我的床，而且可以從我的床跳出房間，我覺得為什麼要不必要地走過房間。我既不想進入房間，那麼就沒有任何要清潔它的問題，然而這麼做會有一種快樂。

所有的東西都保持跟我住進去之前一樣，沒有任何改變，除了很少數需要的之外，其他都沒有動，因為要改變就需要做些什麼，所以那些東西都被保持原狀，因為這樣，所以我開始有某些獨特的經驗，因為每一種「性質」都有它自己獨特的經驗，不管我的房間裏堆積了多少垃圾，它根本就不會打擾我，我已經學會去生活在那種狀態下，就好像我生活在一個很乾淨的地方一樣。

在我讀書的那個大學，有很多建築物都還沒有蓋好，那是一個新設立的大學，有一些軍舍拿來當學生宿舍，因為那些軍舍座落在深山裏，所以經常有很多蛇出現，我經常睡在那些床上看著那些蛇。有一些蛇進來停留在我的房間裏，然後走開，牠們既不會打擾到我，我也不會打擾牠們。

在奧修經驗他的睡眠和不活動時，他同時經驗到了沒有頭腦或沒有思想的狀態——一種純粹思想的狀態。

在那些日子裏，我經常躺在床上，眼神空洞地看著天花板，很久之後我才知道，梅賀先生就是只有以這種方式在靜心，我這樣做根本不需要任何努力，因為當你躺在床上，其他還有什麼事要做呢？如果睡覺已經結束，我就繼續看著天花板，甚至連眨眼都不要，為什麼還要眨眼呢？它也是一種作為，它也是活動的一部分，我只是繼續躺在那裏，沒有什麼事要做，如果你只是繼續這樣躺著，看著天花板一、兩個小時，你將會發現你的頭腦變得很清澈，就好像無雲的天空——沒有思想。如果有人可以在生活當中成功地達到不活動，他就可以很自然而且很容易地達到無思想。

這種「無爲」和「無思想」的狀態打開了他到達神性光輝的門。

在那些日子裏，我既不相信神，也不相信靈魂，唯一的理由是，如果我相信的話，我就必須做些什麼。對不活動來講，無神論者是非常有幫助的，因為如果有神存在，那麼就必須為祂做些什麼，但是如果我對神和靈魂沒有任何相信，那麼我只是靜靜地躺著，那麼我就可以開始看到神和靈魂的光輝燦爛，直到不活動沒有離開我之前，我並沒有主動放棄它，直到不活動沒有離開我之前，我已經決定繼續保持那樣——什麼事都不做。

當奧修在傑波普上學的時候，他的祖母一直希望他結婚，她一直對奧修的父親達達施加壓力，叫他要替奧修安排結婚，達達的朋友也一直催促奧修結婚，但是達達本身在遲疑，他甚至不敢將這個觀念告訴他的兒子，他知道得很清楚，建議奧修結婚意味著必須冒一個很大的險，因爲如果奧修說不，那麼整個事情就結束了。

然而當奧修大學畢業回家的時候，達達間接地透過奧修的朋友，試著想要找出看看他有沒有興趣結婚，奧修覺得應該由達達本身直接來問這個問題，達達裹足不前，最後，他找奧修的母親去跟他講。奧修描述那一段故事；

有一天晚上，她來到了我的床上，坐在那裏，然後問我說對婚姻的看法如何，我說：「我還沒有結過婚，所以我沒有經驗，妳知道得很清楚，因為妳已經有經驗，所以請妳告訴我。用十五天的時間仔細想想看，如果妳覺得妳有透過婚姻而達成某些東西，那麼妳可以指示我，我將會遵行那個指示，不要問我的意見，我沒有意見，因為我沒有經驗，妳已經經驗過了，如果再給妳一次機會，妳會選擇結婚嗎？」

她說：「你試圖要使我產生混亂。」

我說：「妳慢慢考慮，不必匆忙，我將會等兩個禮拜，然後妳指示我，我就會照著做，因為我不知道。」

所以有兩個禮拜的時間，她一直在擔心，她睡不著，因為她知道如果她叫我結婚，我一定會照著做，這樣的話，她就必須負責任，而不是我。所以在兩個星期之後，她說：「我什麼都不想說，因為如果依照我自己的經驗，那麼我並不想要你進入那種生活，因此現在我不能說什麼。」

我就是這樣保持不結婚，很真誠地說，我並不準備結婚，我根本就不想結婚。

就如先前所看到的，奧修在上學期間大部分停留在不活動的狀態下，但是在他拿到了碩士學位之後，他就進入了非常活躍的階段。在接下來的幾年當中，他一直保持非常活躍，直到一九七四年在普那的時候，他才開始冷卻下來。

第五章

新門徒：開放在污泥中的蓮花

大學畢業之後，奧修在找一個教書的工作，當他在面試的時候，他再度表現出他一直都有的叛逆性格，他描述那一次的事件如下：

當我離開大學，我中請了一個政府的工作，教育部長跟我面談，他要求我要提供介紹信。

我說：「我在這裏，你看著我，我可以坐在這裏，你可以仔細看著我，如果你喜歡的話，我可以和你住在一起幾天，但是不要要求我提供介紹信，誰能夠給我介紹信呢？」

他不能夠了解，他說：「你可以從副校長那裏帶一封信來，或者至少從你的系主任那裏帶一封信來。」我說：「如果我的副校長向我要求介紹信……我將不會給他介紹信，所以我怎麼能夠要求他給我介紹信？我無法給他介紹信，所以那是不可能的。我只能從一個我信得過他的人格的人要求介紹信，但是這樣的話，事情將會變得很荒謬，那意味著我必須先給他一封介紹信，唯有如此，他所給的介紹信才會變得有意義。」

但是他不懂我的意思，他說：「這樣的話，事情將會有困難，因為至少需要兩封介紹信。」

所以我就以我副校長的名義寫了一封信，然後我拿去副校長那裏，告訴他說：「這是我為我自己寫的介紹信，請你簽名。」

他說：「這未免太荒謬了吧！你怎麼可以替你自己寫介紹信？」

我告訴他：「如果我不能夠替我自己寫介紹信，那麼誰能夠替我寫介紹信呢？我對我自己的了解比其他任何人都來得更清楚，你根本不知道我，如果你能夠替我寫介紹信，那麼為什麼我不能夠替我自己寫介紹信？這是我自己寫的介紹信，請你簽名。」

他看了那一封介紹信之後笑了，因為我在那一封信上面寫著：人是自由的，個性總是屬於過去，將來是未知的，或許到目前為止，我一直都是一個好人，但是下一個片刻呢？誰知道！或許到目前為止，我一直都是一個聖人，但是下一個片刻我可能變成一個罪人，事實上，每一個片刻我都必須給予我的性格一個新的合約，而我必須一再一再地去保持它。

藉著這個解釋，奧修給予跟他面談的人一個很深的印象，所以他在一九五七年就當上了來波梵文大學的講師，到了一九六〇年，他成爲傑波普大學的哲學教授。

在他的教書生涯裏，奧修被認爲是一個很棒的、閃閃發光的老師。他激發了學生的研究精神和興趣，他鼓勵他們去找尋他們自己的答案，他變得很受歡迎，有一些學生常常不上其他的課而跑來聽他的課。從他在來波梵文大學教書的那一天起，奧修就一直表現出他的叛逆。下列這一段由奧修自己描述的話可以用來證明：

我是梵文大學的教授，當我第一天去到學校的時候，他們還沒有安排房間給我，所以我必須住在旅館幾天。因為那是一個梵文大學……現在已經沒有人想學梵文，它是一種死的語言，它無法帶給你任何目的，它不能夠幫助你賺錢……在那個學校裏，幾乎有百分之九十的學生都是靠政府的獎學金，他們之所以在那個學校就讀，只是因為獎學金的緣故，他們並不想學梵文，他們對它沒有興趣，但他們是貧困的學生，他們無法在其他任何地方拿到獎學金，所以聊勝於無……因為他們幾乎都是拿獎學金的，所以他們被迫每天四點鐘要起來祈禱……

當我去到那個學校的時候，剛好是冬天，早上四點鐘的時候，他們都在顫抖，而且他們必須洗冷水澡，因為沒有熱水的供應。梵文的學者不應該享有熱水的奢侈，他們必須過著類似古代聖人的生活，他們必須很早起床，他們必須在清晨四點鐘就起床，因為根據印度的神祕學，那是最神聖的時間……

第一天，他們不知道我是一個教授。我喜歡在早晨洗冷水澡，所以我就到井邊去洗澡，那些學生都很生氣，他們一直在罵，不僅罵副校長，同時也罵神……

我將這件事報告給副校長，我說：「這樣不對，你並不是在教他們祈禱。在洗了冷水澡之後，他們必須排隊以梵文祈禱好幾個小時，如此一來，他們怎麼有心情祈禱？他們在對神生氣，如果他們碰到神，他們將會殺了祂！而他們正在祈禱，所以它可能是什麼樣的祈禱呢？」

但那個副校長是一個古板的梵文學者，他說：「不，不是那樣，他們這麼做都是出自於他們的志願，我們並沒有在強迫任何人。」

我說：「我知道是他們自己要這樣做的，因為如果他們不這樣做，他們就拿不到獎學金，你並沒有直接強迫他們，但你是間接地這樣做。如果你想要跟我爭辯，那麼只要給我一天的時間，我會貼一張佈告說，任何想要在清晨四點鐘起來洗冷水澡和祈禱的人可以起來，而任何不想這樣做的人不必擔心你的獎學金，一切由你們自己決定。」

如此一來，那個副校長陷入了困難，他必須同意……我在清晨四點鐘的時候去找副校長，他本身也還在睡覺，我把他從床上拉起來，我說：「來吧！你算是什麼副校長？你的學生們在祈禱、在洗冷水澡，而你竟然還在這裏睡覺！」

他對我很生氣，我說：「他們也是一樣，來吧！」那裏竟然連一個學生都沒有！井邊是空的，那個祈禱的大廳也是空的，我告訴他：「現在跟我一起來洗冷水澡，然後我們再一起去祈禱！」

他說：「我不能夠洗冷水澡，我已經是一個老年人！」

我說：「好吧，那麼我就來洗，你坐在那裏看，然後我們再一起去祈禱。」

他說：「我覺得很疲倦，我想回去睡覺！」

我說：「那麼我就自己一個人去祈禱，但是我完全不懂梵文！而神只了解梵文！教育部弄錯把我派到這個學校來，他們看著我，以為我一定懂梵文，但是我根本不懂，我對任何死的東西沒有興趣。」

所以他就回到他的房間，我也回到我的房間，大家一起睡覺。那天早上，學生們都來找我，他們都非常高興、非常感謝。

然後我告訴副校長：「他們這樣跑來感謝我，那不是顯得更美、更具有祈禱的品質嗎？」我告訴他：「停止所有這些荒謬的事！」

然而，他不但沒有停止那一件荒謬的事，他還叫政府把我調到另外一所大學，他說：「這個人很危險！他會摧毀我那些學生的道德、品格、和宗教。」

一年之後，奧修被指派到傑波普大學，在這一段期間，他花了很多時間在運動和強化他的身體，在很多事情當中，他仍然不忘記要使自己的身體保持最佳的健康狀態，因爲在再來的十年裏，那個活躍能量的成長使他經常保持行動，他帶著很大的熱情和強度在全國各地旅行，當他在培養他的身體時，奧修或許已經覺知到，再接下來的幾年當中他必須付出什麼樣的代價。

在一九六〇年之後，他頻繁的旅行表現了他生命裏面活躍的階段。根據奧修的描述，當一個人徹底經驗過而且超越不活動，那個活動的階段才會來臨，它會自動地發生，它會從內在自然流出。奧修解釋說，這個活動跟一個政客可能會經驗到的，由於飽嘗焦慮和緊張所導致的活動是完全不同的。跟政客的活動不一樣，這個活動並不是由慾望所激發，而是由慈悲所激發的。奧修於一九七〇年在孟買定居下來之前，他完全經歷過了這個活動的階段，奧修描述他生命中的這個階段如下：

當這個第二階段——活躍的階段——開始時，我一直在全國各地跑來跑去。我在那十年到十五年之間所旅行的次數，甚至比一個人在兩三世裏面所旅行的次數還要來得多。我在那十年到十五年之間所演講的次數，相當於一般人在十世到十五世之間所演講的次數。從早到晚，我都一直在活動，到處旅行。

在描述這個階段的目的和本質時，奧修說：

不管有沒有原因，我都一直在製造一些爭議和批評，因為那個爭議越多，這個活躍的第二階段的轉變就越快，所以我就開始批評甘地，開始批評社會主義。

我既跟這些主題沒有任何關係，跟政治也沒有任何瓜葛，我對這些東西根本就沒有興趣，但是當全國人民都專注在這些敏感的話題上……即使只是為了好玩，似乎也需要來製造一些爭議，所以在我這個活躍的第二階段轉變期，我主導了很多爭議，並且享受了其中的樂趣。

如果那些爭議是由慾望所激發，而由一些充滿緊張的行動所創造出來，它一定會帶給我不快樂，但是因為所有這些都只是為了發展我那活躍的階段，只是為了要讓它有表達的機會，所以在那個當中有很多的樂趣，這些爭議就好像演員在演戲。

奧修描述他對旅行的狂熱和他談話的本質如下：

一個月裏面有三個星期我都坐在火車上，某一天的早上我可能會在孟買，然後隔天晚上我就到了加爾各達，然後再隔天我會在阿木里查，然後再隔天我會在魯迪安納或德里，整個國家都是我活動的場所，因此，不管我去到什麼地方，就一定會產生很多爭議……

當奧修在經歷不活動的階段時，他講得很少，但是奧修說：「在活躍的階段期間，我找人只是爲了要講話，我的語言充滿了火……」

那個火並不是我的，它是來自那個活躍的階段，那只是燒掉活躍階段的火其中的一個方法，它必須燒得很猛，好讓它能夠很快地變成灰燼，那個火越溫和，它就必須花更長的時間去燃燒，所以為了要達到快速化成灰燼的目的，它的過程是一個全然的燃燒。

這個階段一個很重要的發展發生在一九六四年，在那一年，奧修首度在一個十天的靜心營裏介紹靜心方法給他的追隨者，那個靜心營是在印度西部的拉加斯坦山區所舉行的，那個地名叫做木查拉馬哈維亞。他教了幾種靜心方法，那些方法可以在清晨或白天練習，同時也可以在晚上或睡覺之前練習，其中有一些靜心技巧。比方說像味帕沙那、那達布拉瑪、和旋轉的靜心，這些都是來自各種不同傳統的靜心者所熟知的。

奧修解釋說靜心有無數的方法，也有很深的深度，他把靜心稱爲是一種「沒有頭腦的狀態」，那是一個思想停止的狀態、一個寧靜的狀態。

頭腦是一個經常性的交通：思想在移動、慾望在移動、記憶在移動、野心在移動……當這些交通都沒有的時候，當思想停止的時候，就沒有思想在移動，也沒有慾望在蠢動，你是完全的寧靜，那個寧靜就是靜心，在那個寧靜當中，真理才能夠被知道，沒有其他的方法。靜心是一種沒有頭腦的狀態。

跟一般觀念不同的，奧修並沒有把靜心看成是一種嚴肅的活動。根據他的看法，靜心就是去經驗不活動、喜悅、和遊戲：

頭腦非常嚴肅，而靜心是絕對不嚴肅的，當我這樣說，你或許會覺得很迷惑，因為人們一直很嚴肅地談論靜心，但靜心並不是一件嚴肅的事，它就好像遊戲一樣，很真誠地，但是不嚴肅，它並不像工作，它比較像遊戲。遊戲並不是一個活動，即使當它是活躍的，它也不是一個活動，遊戲只是好玩，那個活動並沒有要走到某一個地方，它並不是由某一個動機所激發的，而只是一股純粹流動的能量。

在一九六四年的第一個靜心營之後，奧修旅行到全國各地去主持這一類的靜心營，他通常會選擇遠離群衆和城市喧囂的自然環境來辦靜心營。這些靜心營和他的演講立刻變得很有名，他因此而開始激動了整個國家，他開始給各方人士重要的衝擊，越來越多的人愛上他。

奧修經常的旅行、他的作風和獨創性、他敏銳的機智和叛逆的本性，時常擾亂到一些大學的行政人員，然而因爲他的受歡迎和聲譽，所以他們也拿他沒辦法。他的朋友常常叫他放棄工作，好讓他能夠將所有的時間和精力都投放在他的事業上，奧修會回答說，當神想要讓它發生的時候，它就會發生。

在一九六六年，他認爲時機已經成熟，他可以放棄大學的教職。在一九六六年八月，當他剛好旅行回來，他就被要求辭職，因爲他已經引起了很多爭議。有很多年的時間，奧修一直都穿著印度的傳統服裝，雖然學校的管理階層曾經表示過不喜歡他衣服的樣式，校長終於選擇在他旅行回來的時候舊事重提，加重這個問題。既然奧修從來沒有反對校長穿著那一種衣服，他覺得校長反對他的穿著是不公平的。當校長施加壓力時，奧修就立刻提出他一直帶在身邊的辭呈。

在奧修辭去傑波普大學的教職之後，他開始釋放出他活躍的能量來談論一些具有爭議性的話題，比方說像甘地、性、傳統的印度宗教、和社會主義等。他在一九六八年和一九六九年之間的甘地百歲紀念日的時候，很公開而且很勇敢地批評甘地和他的觀念以及他的追隨者。奧修對甘地的批評是雙重的：第一，他認爲甘地是一個講究倫理的人，而不是一個宗教人士，奧修不把甘地看成一個宗教人士，雖然一般的印度人都這樣認爲。奧修之所以這樣説是因爲甘地並沒有任何靜心的經驗，奧修進一步指出，甘地對於宗教統合的整個觀念並沒有脱離他偏向印度教的偏見，以奧修本身的話來說：

甘地對靜心一無所知，但是他很努力地想要去創造宗教統合的外表。基本上，他是一個印度教教徒，終其一生，直到他死，他一直都保持是一個印度教教徒，他稱吉踏經為他的母親，但是他從來沒有稱可蘭經為他的父親，甚至連稱叔父都沒有。雖然他說他們的教導是一樣的，但是他的操作方式完全是政治性的——很聰明、很狡猾、但是並不真實……任何他在可蘭經裏面、在聖經裏面、或是在佛陀的法句經裏面所發現到的，如果跟吉踏經有相同的觀念，他就會立刻指出來說：「看！所有的宗教都教導同樣的東西！」

但是聖經、可蘭經、和法句經裏面有很多東西是違反吉踏經的，他對那些東西一點都不注意，他完全忽視它們……所以他的宗教綜合是假的，事實上，他是到處在讀吉踏經，不管他在那裏可以找到吉踏經的迴響，他就立刻說：「

看！它們是在說同樣的事情！」

但那些不同的部分要怎麼解釋呢？那些完全相反的觀點要怎麼解釋呢？甘地只選擇了一些片斷，然後將它們混雜在一起，而稱之為宗教的綜合，但是事實上那個綜合從來沒有發生，回教徒既沒有被他所說服，印度教教徒也沒有被他所說服……最後他被一個印度教教徒謀殺。

在一九七一年三月，奧修描述他對宗教的看法，同時解釋他工作的本質：

我並不像甘地一樣，是一個綜合者，我不需要任何宗教的綜合，我說所有的宗教都有它們自己獨特的個體性，但是它們對我來講都是可以接受的……可蘭經和吉踏經是同一個，但是可以做出一個環來連接它們兩個，所以我希望我的門徒可以散開來形成一個網狀結構來構成那些環節，這些門徒可以在回教寺廟裏做儀式，可以在教會裏祈禱，也可以在廟裏唱頌印度教的奉獻詞。他們可以遵行馬哈維亞的途徑，或者像佛陀一樣地靜心，或者甚至可以去實驗錫克教的傳統，這樣的話就可以構成那些連接的環——一個活的、合乎人性的連鎖。他們將會有一種感覺，雖然所有的宗教都是分開的，但是事實上它們是一體的，並非所有的宗教都是同一而不可分的，而是，雖然它們都是分開的，但是就它們內在和諧地走向同樣的目標而言，它們是同一的。就它們都引導你朝向同一個超意識而言，它們是一體的。

我的整個看法是：我喜歡幫助每一個人按照他的能力、他進化的階段、他的文化、以及他已經吸收進他的血液裏的東西來進行，這樣的話，對他來講將會比較容易達成。所以，我既沒有任何自己的宗教，也沒有任何我自己的途徑，因為就目前的狀況而言，一個單一途徑的宗教將無法適應未來的需要……

奧修同時發現甘地對社會的看法，以及解決社會問題的方式是不文明而且不科學的，他發現他那些東西是退化的，因爲它們根植於傳統，奧修指出甘地比較喜歡古老的方式，其中有一個例子就是他倡導使用古老的織布機，而不是使用比較現代、比較進步的科技產品。以奧修的看法，甘地並不贊成印度的現代化，而現代化卻是非常需要的。在有關性和生殖的事情上面，甘地非常強調自我控制和禁慾，奧修認爲他的方式不實際。奧修提醒我們注意人口爆炸的危險，因此他支持現代的生育控制方法。

奧修完全無法接受甘地崇拜貧窮的觀念，甘地把貧窮神化了，奧修說，貧窮必須被摧毀，而不應該被延續，關於這一點，他說，如果印度能早一點走出她古老的迷信和信念，情況就會變好，然而甘地卻在遵循那些古老的迷信，而且將它們帶進二十世紀。

二十年來，我常常批評聖雄甘地和他的哲學，沒有一個甘地的追隨者曾經回答我，倒是有很多甘地的追隨者跑來告訴我說：「任何你所說的都是對的，但是我們不能公開說它，因為如果我們說你對甘地的批評是對的，我們將會失敗，群衆相信聖雄甘地。」就因為甘地是反科技的，所以有一些完全荒謬的事情必須受到支持。如果這個國家保持反科技，那麼她一定會保持貧窮，她將永遠無法處於富裕的狀態，科技並不需要一直都是違反生態的，科技的發展可以和生態配合，科技可以被發展來幫助人們，而不破壞自然，但是甘地反對科技。

他反對鐵路、反對郵局、反對電、以及反對所有的機器，他們知道這是愚蠢的……但是他們仍然繼續崇拜聖雄甘地，因為他們必須從人民得到選票。人們崇拜甘地，因為甘地符合他們頭腦裏面認為一個聖雄應該是怎麼樣的觀念。

聖雄甘地適合印度的群眾，印度的群眾崇拜他。政客必須跟隨群眾。永遠都要記住：在政治裏面，領導者要跟從追隨者，他必須如此，他只是假裝他在領導，但在內心深處，他必須跟從追隨者，因為一旦追隨者離開他，他就什麼地方也到不了，他不能夠憑他自己站起來，他沒有他自己的立場。

甘地崇拜貧窮。而如果你崇拜貧窮，你將會保持貧窮，貧窮必須被憎惡，我憎惡貧窮，我不能夠叫你們「崇拜它」，這將是一種罪惡。我看不出在貧窮裏面有任何宗教的品質，但是甘地談論許多貧窮的事以及它的美，它強化窮人的自我，它支持他的自我，使他覺得很好，它是窮人的一個慰藉，它使窮人覺得，他或許沒有財富，但是他有一些靈性上的財富。貧窮並不是一種心靈的財富，它根本就不是，貧窮是醜陋的，貧窮必須被摧毀，而要摧毀貧窮的話，必須將科技帶進來。

聖雄甘地反對生育控制，如果你反對生育控制……印度將會變得一天比一天窮，永無翻身的機會。

奧修對甘地的批評在整個印度產生了一個很大的風暴，尤其是在甘地的家鄉古渣拉特。在眾多的憤怒和抗議當中，有一個實際的例子就是有很多聲稱是奧修朋友的人都離開他，而且，先前古渣拉特政府答應要給奧修的六百英畝土地被撤回，那塊土地本來可以供給奧修作爲一個理想的靜心場所。

在一九六八年的八月二十八日，奧修居然又火上加油，他被一群朋友邀請去講「愛」這個主題，那個演講在孟買一個很有名的文化和教育中心舉行，那個演講是用印度語，奧修在那次演講當中所講的東西出乎他們的意料，當時那個演講的主題是：

我要說的是：性是神聖的。原始的性能量有神的反映在它裏面，很明顯地，它是創造新生命的能量，它是一切力量裏面最偉大而且最神秘的。你們要停止對性的敵意，如果你們在你們生命當中渴望有很多愛的來臨，那麼你們必須放棄跟性的衝突，帶著喜悅來接受性，承認它的神聖，用感激的心情來接受它，越來越深入地擁抱它，你將會感到很驚訝，性居然能夠顯露出如此的神聖。你接受它到什麼程度，它就能顯露它的神聖到什麼程度，而如果你以罪惡和不尊敬它的態度來接近它，它面對你的時候也將會是醜陋和罪惡的……

如果你想要知道愛的基本真理，第一個需要就是接受性的神聖；接受性的神聖，就好像你在接受神的存在一樣——帶著一個敞開的心靈來接受。你越是能夠很完全地帶著一顆敞開的心和頭腦來接受性，你就能夠變得更自由，但是你越壓抑它，你就越會被它綁住……

那個系列的演講被取消了，奧修回到傑波普，儘管在那個演講裏，奧修動搖了印度人傳統信念和禁忌，以及對性的態度，他同時也在某些聽眾裏引起足夠的興趣，因此他再度被邀請去繼續那個演講。剛好在一個月之後，奧修回到孟買，在一萬五千人面前公開演講同一個主題（九月二十八日到十月二日）。

在這一系列演講裏，奧修談到關於性和愛的很多層面，然而他的著重點仍然在於超越性，或純化性能量，使一個人能夠經驗到神性。他強烈地反對禁慾的觀念，因爲他覺得禁慾通常是性的壓抑，而不是性能量健康和自然的蛻變。他教導說性是一種自然的現象，人們必須很有愛心、而且很靜心地去經驗它，好讓它能夠變成走向超意識的第一步。奧修並不像一般所誤解的是在教導性自由或性放縱，相反地，他明白地表示，如果了解正確的話，性並不允許自我放縱。

當這些演講被刊登出來，奧修接到很多來自大眾和印度報紙的憤怒和辱罵，對於奧修所談論的性這個主題以及它的各個層面，沒有一個人能夠給予合理的、聰明的、和沒有偏見的反應。這些演講被翻譯成一本英文書——「從性到超意識」，這本書在一九七九年出版。（註：本書已譯成中文。）

在一九六九年三月，奧修被邀請在第二屆宗教會議演講，那個會議是在印度東部比阿省的首都帕特那所舉行的，那個會議的主席是印度最高的宗教教士，普里的山卡拉查亞，那個人反對和奧修同台出現，他變得很生氣而且很激動，承辦人向他道歉，後來他的情緒稍微緩和，就允許四十五分鐘的演講，於是奧修開始大肆抨擊組織化的宗教、教士、和宗教的虛僞，他說：

任何認為生命沒有意義、充滿痛苦、以及教導恨的宗教都不是真正的宗教，宗教是一種顯示出如何享受生命的藝術。解放並不是逃離生命，而是完全享受生命和世界……但是這些機構化的宗教商店，它們以宗教的名義來經營，他們並不希望一個人真正具有宗教性，因為當人們真正具有宗教性，這些商店就必須關門，人們就不再需要教士或世界的導師……

奧修開始講不到十分鐘，山卡拉查亞和他的同僚就要求要停止奧修演講，奧修問觀衆說他應該停止或繼續，觀衆大聲喊說他應該繼續。在他演講結束的時候，觀衆給他非常溫暖和熱烈的掌聲，觀衆熱烈的迴響使得山卡拉查亞覺得心裏很不舒服，奧修說：

對我來說，那是一個遊戲，但是對他來說，那是他的職業問題，他極度地盛怒，幾乎從講台上暈過去而掉落下來，他的整個身體都在顫抖。

在脫離英國而獨立之後，國會黨的領袖們，包括尼赫魯，都非常熱衷於社會主義。印度的一些經濟計畫都是根據社會主義的原則來擬定的，然而奧修卻表現出他對社會主義理想的全然否定，他認爲一個國家如果沒有先建立起一個資本主義的經濟，就開始談論社會主義，將會造成很大的禍害，他不認爲資本主義和社會主義是相反的系統。在一九六九年七月，奧修在傑波普演講「印度和社會主義」，根據他的觀點：

社會主義是資本主義的最終結果，它是一個非常自然的過程，不需要去經歷任何革命，事實上，資本主義本身就是一種革命，它會帶來社會主義。資本主義首度在世界上顯示出它如何能夠創造財富。我相信在印度社會主義是不可避免的，但是是在五十年、六十年、或七十年之後。印度必須將它所有的努力先集中在創造財富。這個國家的貧窮非常嚴重，它已經持續了很長的時間，除非在未來的五十年到一百年之間，這個國家能夠發展資本主義系統，否則她將永遠都會保持貧窮。資本主義將能夠使她分配財富，目前，以社會主義的名義，我們所能夠分配的就只是貧窮。

奧修對社會主義的批評和他對資本主義的支持，產生了一個立即的反應：他被冠以反國家之名，他被稱爲是一個美國中央情報局的特務。

奧修在他的演講、辯論、和討論當中談論到印度整個國家的核心問題和缺失。奧修甚至冒著生命的危險，很勇敢而且很坦白地來談論這些問題，他之所以這樣做有一個原因：他很強烈地感覺印度已經不能將她的垃圾堆積在地毯下面。一定要有人站出來揭露那些吞噬整個國家的罪惡和愚蠢，奧修就是做這件事的領導者，他用他的見解使人們了解他在未來十年之內即將展開的洞見。

在訪問孟買的期間，奧修利用早上的時間在棕櫚海灘高中舉辦靜心活動。在一九七〇年的四月十三日到十六日之間，奧修使那些要來學「放鬆」靜心的每一個人都感到很驚訝，他首度在那裏介紹他自己設計的「動態靜心」技巧。在主持「放鬆」的靜心很多年之後，奧修發現那個靜心並不眞正適合現代人的需要，他解釋說：

> 我持續用老子的方法下功夫有十年的時間，所以我一直教導直接的放鬆，它對我來講很容易，所以我認為它對每一個人來講也一定很容易，但是，漸漸地，我開始覺知到它的不可能……我會叫學員們放鬆，他們顯得好像了解那個字面上的意義，但是他們卻無法放鬆，因此我必須設計出一些能夠先創造出緊張的新方法，那些方法先創造出很多的緊張，當你變得瘋狂起來，然後我才說「放鬆」。

所以當他介紹「動態靜心」的那一天，每一個人都楞住了，但同時也被它所吸引，看到那些參加者在尖叫、大喊、甚至把衣服脫掉，整個情況顯得很奇怪，而且非常強烈，印度的報紙以一種震驚的口吻來報導。在第四天，也就是最後一天，奧修說：「我給了你們一個非常有價值的技巧，你們要每天做！」

這個動態靜心的技巧包含了來自瑜伽、蘇菲、和西藏傳統的方式，以及現代心理學的發現。奧修將它們全部放在一個獨特的技巧裏，這個技巧適合現代社會每一個人的需要。除了動態靜心之外，奧修所教導的其他技巧都很簡單，但是非常強而有力，那些技巧或許很強烈，但是就像是在遊戲一樣，這些靜心技巧都配合著音樂和動作，在它的核心部分所使用的是能量蛻變的原則——藉著喚起活動，然後再靜靜地觀照它。

根據奧修所說的，靜心是一種對當下那個片刻的一切內在被動的接受，靜心是對正在發生的一切一種無選擇的觀照。有很多過程可以使身體的功能慢下來，可以產生放鬆，或是減少身體和心理的壓力，但它們並不必然是靜心的過程。有某些藥物、音樂、和咒語（比方說超覺靜坐所使用的咒語）的確夠能使你慢下來——藥物能夠改變你身體的化學，超覺靜坐能夠產生單調的重複。這些方法或許能夠對身體的健康有所幫助，因爲他們能夠創造出一個比較深的睡眠，或是降低血壓等等，但是這些身體的狀態並不必然跟靈性有關，換句話說，它們跟你對身體、思想、和情緒的觀照無關。

身體是開始；在靜心當中，一個人必須由身體開始，但是之後還有很長的路要走，一個人必須也能夠經歷過情緒和思想，那就是爲什麼奧修的靜心技巧由身體開始，來釋放出很多阻止我們去觀照的很多身體上的壓抑和障礙。一旦這些障礙被排除，這個技巧更微妙的部分就能夠產生作用；一旦身體的障礙都沒有了，一個人就可以成爲能量的通道，好讓那些能量能夠向內，你的整個人就可以被蛻變。比方説，如果性是一個障礙，或者憤怒是一個障礙，那麼那個能量就無法超越性或憤怒；如果換個情況，性和憤怒都被釋放出來，那麼一個人就能夠進入心和頭腦，那麼就沒有什麼東西會阻礙能量之流。

因此在奥修所設計的技巧裏，那個釋放、那個身體和情緒的發洩是很重要的。當一個現代人變得很文明，他就會攜帶著很多壓抑的感情和情緒，這些壓抑使他們緊張，而且常常會使他們導致神經病，因此，除非這些壓抑能夠被釋放出來，否則靜心將永遠無法發生，所以，奧修解釋說：

發洩的方法是現代的發明。在佛陀的時代，這些方法是不需要的，因為人們並沒有那麼多的壓抑，人們是自然的，他們過著原始的生活，雖然不文明，但卻是很自然地生活。我介紹給你們發洩的方法，好讓文明加諸在你身上的東西能夠被脫掉，好讓你能夠再度恢復原始，從那個原始的天真，洞見就會變得比較容易。

在奧修的旅行期間，他對各種不同職業、不同階級、不同宗教、和不同階層的人演講，他跟政客、工商業鉅子、作家、藝術家、和學者們都有深入的討論。他曾經公開對五萬人演講，也曾經擠在一個煙霧瀰漫的房間裏對一小群人演講。奧修談到旅行期間的一個個人經驗：

當我在印度旅行很多年的期間，有些事情幾乎每天都在發生，有很多人、很多知識份子或學者會來找我，他們會說：「我們想要跟你討論一些事情。」我的反應總是：「如果你知道，那麼你就告訴我，跟我分享，我會很高興聆聽；如果你不知道，那麼我知道一些東西，我可以跟你分享，那麼你就接受它；如果我們兩個人都知道，那麼根本就不需要討論；如果我們兩個人都不知道，那麼討論又有什麼意思？討論是沒有意義的！」

除了奧修活躍的性質被發散在那些頻繁的旅行、和具有爭議性的演講、討論、和辯論之外，他同時了解到，他在影響印度社會方面並沒有任何重要的進展，因此這些旅行就變得越來越沒有意義，奧修自己說：

我跟這個國家的千千萬萬人談過，然後我必須停止，我常常面對好幾千人演講，有一次還面對五萬人演講，有十五年的時間，我都在全國到處旅行，從一個角落到另一個角落，我對這整個事情感到很厭倦，因為我每天都必須從頭開始講，它一直都是從ABC開始，然後事情變得非常清楚，我永遠都達不到XYZ，因此我必須停止旅行。

有一次我在一個集會裏談論克里虛納，人們背對著我，私下在交談……那是該系列演講的最後一天，我講到一半就離開了，那個會議的召集人說：「你要去那裏？」我說：「我永遠不回來了，我跟這些愚蠢的人的緣份已經盡了，我在談論克里虛納，他們邀我來跟他們談論，但是似乎沒有人在聽。」

在這整個旅行階段的過程中，奧修經常回到傑波普享受單獨的空間，但是事情變得越來越困難，奧修解釋道：

有十五年的時間，我過著像耶穌一樣的生活，在群衆裡面走動，幾乎不可能有一個片刻是單獨的，我必須一再一再地回到我以前所住的傑波普那個地方，在那裏我保持絕對的單獨。傑波普是非常不幸的，我會在全國各地到處走動，跟人們會面，但是我不會在傑波普跟人們會面，那是我的山，當我到了孟買、德里、或普那，人們經常問我說為什麼我必須一再一再地回到傑波普。每隔十五天或二十天，我一定會回到傑波普去待三、四天，然後再開始……那是不需要的，我本來可以直接從普那到孟買，或是從孟買到德里，或是從德里到阿木里查，或是從阿木里查到斯里那卡，為什麼我總是要先回到傑波普去停留幾天？

傑波普是我的山，我在那裏保持完全單獨，當我無法在那裏保持單獨，當人們開始去那裏找我，我就必須離開那裏……

所以在一九七〇年，大約是奧修從大學辭職之後的第四年，他決定離開傑波普，他縮短他的旅行，也減少靜心營的舉辦，他開始收拾他個人的圖書館，他的朋友們很熱心地幫他在孟買找了一個地方，使他能夠有單獨的空間，同時也能夠跟人們會面。

在一九七〇年六月二十九日的晚上，奧修在傑波普接受了一個歡送會，那個歡送會有傑波普大學的副校長、新聞記者、作家、教授、新聞編輯、和其他各階層的領導人士，在大家發表過談話之後，奧修也被要求談話，他說：

人們說我已經成為一個聖雄——偉大的靈魂，但是事實上，我比較喜歡你們稱我為流浪漢。今天我在這裏，明天在孟買，後天我可能到紐約去，不管「那神性的」帶我到那裏，我就跟著它。因為我在傑波普傷害到很多人的感覺，所以我一定不會忘記傑波普，我用我的推理來攻擊他們博學的談論，造成了他們的創傷。當我到了孟買，我會注意看那些創傷有沒有痊癒，因為我不想讓你們靜靜地坐著，我故意要引起你們的創傷，好讓你們能夠繼續思考。這個國家從來不去思考，記住，在一個思考和反省停止的國家裏，那個國家的人民就死掉了，所以我會注意看，當你們的創傷開始痊癒的時候，我就會再回來打擊你們……我並不是憑我個人的意志去到任何地方，我是跟著神性的意志在走的，我只想說：繼續思考。一旦那個思想之流停止，它就會變成一潭死水，如果它繼續流動，它就變成一條河流。

在一九七〇年七月一日，奧修抵達孟買，在那裏，他以一個新的型態開始，他經常在晚上面對五十幾個人演講，談論關於心靈和奧秘的事情，他深入研究隱藏在各種心靈傳統的奧秘，他喜歡基於先前的演講來回答問題，然後非常深入他的回答，那是一種非常強烈的對話、活生生的、強而有力的對話，這些對話大部分被錄在「神秘的經驗」這一本書裏，那是從印度文翻譯過來的。

在這一段期間裏，靠近他的人說，只要在他身邊，他的光芒和力量就足以使一個人震動、哭泣、或感覺到很多能量。在一九七〇年八月所舉辦的靜心營裏，人們能夠非常強烈地感覺到這一點，只是藉著看他們或碰到他們，他就能夠震動到他們的本質，他在這個靜心營裏透露，那些感覺到內在跟他有連繫的人，他想要點化他們成爲門徒。因此在一九七〇年九月二十五日到十月五日所舉辦的靜心營裏，奧修點化了六個人成爲他的門徒，那個靜心營是在喜馬拉雅山山谷的馬那利所舉行的，那是一個很美的避暑勝地。他給那些人新的名字，然後開始了「新門徒國際運動」。

這個運動的主要目的就是在全世界創造一個心靈的醒悟，它的目的是在去除所有的區別——由種族、國家、階級、信念、和宗教等所造成的區別——使那些追求內在蛻變的人建立起一個世界家庭。奧修在印度普那的社區、在美國奧勒岡州的社區，以及在全世界超過三十萬人的門徒，和超過五百個靜心中心的成立，都是在這個運動之下形成的。

奧修關於新門徒的革命性觀念可以用下列的摘要來加以解釋，這些摘要來自他的演講：

我的門徒對生命是肯定的，地球從來沒有開過這樣的花，它是一個全新的現象，古老的門徒觀念是基於逃避主義，或是基於棄俗的理念；我的門徒跟逃避沒有關係，它是反對逃避的，因為對我來說，神和生活是同義詞。從來沒有人說神和生活是同義詞，神總是被用來反對生活：你必須放棄生活才能達到神，但是我要告訴你，如果你想要知道神，你必須儘可能全然地生活，儘可能強烈地生活，儘可能熱情地生活。

每一個人都會變成一個神，那是每一個人的命運，你可以延緩它，但是你無法摧毀它，點化你成為門徒意味著我試圖在使它快一點發生，點化你成為門徒意味著我在說服你不要再延遲了，點化你成為門徒只不過是在幫助你不要再延緩。

它是來自很大的尊敬，因為我可以看到內在的佛，佛已經等太久了，但是你並沒有注意到它，當我叫你成為門徒，我是在說：「現在時候已經到了，你就跳進來吧！」嘗試這個新的生活方式，你已經經驗過古老的方式，它並沒有產生什麼結果，或者，所發生的事情都只是在表面上，它們是沒有用的，所以試試看這種新的方式。

世界上所有古老的門徒觀念都是給你一個僵硬的規範，給你一個個性，給你某一個型式、某一個模式、或某一個生活形態，我的門徒一點都不像那樣，它是一個很大的改變，我不給你們任何個性，因為對我來說，一個有個性的人是死的人，我倒喜歡除去你所有的個性，使你能夠成為一個有創造力的存在，好讓你每一個片刻都能夠對生命自然反應，而不是由某種特定的模式來反應。

就在當下那個片刻自然反應，不必要任何模式，只要出於自然，根據當下那個片刻的感覺來決定，那就是我所謂的具有創造力的存在，那是一個沒有個性的意識，只有現在，沒有過去，那是一個不被任何規範所阻礙的自由。

以那樣的方式來生活就是過著門徒的生活，它是非常美的，非常受到祝福的，但是那需要很大的勇氣，因為你沒有一個引導，你沒有一個特定的型式，你不能夠依靠過去，一個人必須從未知進入到未知，在它裡面沒有安全，它是一種純粹的冒險。

古老的門徒觀念是非常否定生活的，它是完全反對生活的，但是我的觀念是完全肯定生命的，不需要放棄任何東西，每一樣東西都必須被蛻變，所以這種古老的門徒是不神聖的門徒：它只接受部分的生活，但是卻拒絕了其餘的部分。它接受了頭腦，但是反對身體；它接受愛，但是反對性；它接受神，但是反對世界；然而它們都是在一起的。

所以古老的門徒是不神聖的門徒，因為它永遠無法引導任何人去達到完整的生命，它是非常完美主義的，但我根本就不是完美主義的，所以我的門徒是絕對肯定生命的，因此它是完整的，而不是完美的，我完全愛上生命，我的門徒不是完美主義者，它（指當門徒這件事）不會創造罪惡感，它不會教你譴責在你裏面或是在別人裏面的任何東西，它使你越來越覺知到生命的所有界限，但是幫助你在那些界限當中享受。

讓這個門徒成為一個跟生命本身的偉大戀情……那麼就沒有其他的神，如果你能夠找到生命，你就找到了神……

點化成爲門徒包括，一、改變一個人的名字，二、戴一條串珠（一條有一百零八粒珠子的項鍊），上面附有一個裝有奧修照片的小匣子，和三、穿橘紅色或暗紅色的衣服。奧修有詳細解釋這些改變的意義。關於新的名字，他說：「我給你一個新的名字只是要讓你感覺說名字並不重要，你舊有的名字是可以不要的，因爲它只是一個標籤，它是可以改變的，你並不是你的名字。」奧修說：名字雖然是由別人給我們的，但是它已經深入我們的意識，我們已經跟它認同。但是藉著點化門徒，奧修摧毀了這個認同，同時也摧毀了其他的認同，他解釋說：

當你成為門徒，我想要摧毀那個認同，因為這是摧毀所有認同的開始。首先我摧毀跟名字的認同，然後摧毀跟身體的認同，然後再摧毀跟頭腦和跟心的認同，當所有這些認同都被摧毀，你就能夠知道你是誰，你是那不被認同的、那無名的、那無形的、那不能被定義的。

奧修解釋說，每一種顏色都有它本身的心理作用和衝擊，他爲什麼選擇紅色的原因是：

其中有一個原因就是：它使你們覺得就好像是早上的日出一樣，它是正在上升的太陽的顏色，早晨的陽光是紅色的……那個顏色可以創造出一個活生生的氣氛，它是很活的，而且是震動的。

所以，選擇這個顏色為的是你可以跟神性一起震動，你必須跟神性一起活著，在你裡面不應該有任何悲傷停留的地方，在你裡面不許有任何憂傷停留的地方，你必須一天二十四小時都處於一種跳舞的心情，紅色就是跳舞的顏色。

在解釋串珠的意義時，奧修首先說出它跟十字架的差別，他說：「串珠代表生命，十字架代表死亡，串珠代表某種藝術，使生命變成一個花圈。」奧修進一步解釋串珠和帶有他的照片的小匣子的意義：

除非你的生命知道什麼是永恆，否則你的生命只是一堆珠子或一堆花，它將不是一個花圈，它將不是一條串珠，它將不會有任何內在的和諧，那些珠子將會保持沒有關連，它將會是一團混亂，而不是一個有秩序的宇宙，它將不會有秩序，也沒有規範，但是那個規範必須像串珠的線一樣，是看不見的……串珠上面的珠子代表時間，是看得見的，而那個連接線代表永恆，是看不見的。

奧修進一步解釋說，串珠上的一百零八粒珠子代表一百零八種靜心方法。他說，這一百零八種靜心方法是基本的，從這些基本的方法可以衍生出其他的幾百種方法，至於在他小匣子上面的照片，他說：

……那個照片並不是我的，如果它是我的，我要將它放上去一定會遲疑：……那個照片只是看起來是我的，其實它並不是我的，事實上，不可能有我的照片，當一個人知道他自己的那個片刻，他就知道了某種不能描繪、不能描述、不能被框起來的東西。我以一個空存在，那是沒有辦法被拍成照片的，那就是為什麼我能夠將那個照片放在那裏。

在某一個會談當中，奧修曾經有過下列這麼一段預言式的陳述，它是跟點化人們成爲門徒有關的：

……這個世紀的最後部分將會是非常具有決定性的，這個世紀的最後部分將會決定再來幾個世紀的命運，這將會是一個具有決定性的階段，它之所以具有決定性是以這樣的一個意義來說的：人們會相信說人只是機器或是自然的機械裝置，這種信念將會變得很普遍，如果這種信念變得很普遍，它將很難再度回到生之流……

知道生之流、知道內在真實的存在、知道意識、和知道神性的人一天比一天少。

這個世紀的最後一部分將會是具有決定性的，所以那些準備好要開始的人，我將會點化他們。如果我點化一萬個人，而其中只有一個到達目標，那也是值得的……

當奧修開始吸引更多的人，然後點化他們成爲門徒，人們就開始升起了反對的聲浪，首先，那些自稱爲「進步份子」和「知識份子」的人就對奧修非常不高興，因爲他們無法拜奧修爲師父，因此他們就開始離開他。就某方面而言，奧修歡迎這樣的情況發生，因爲他只想要那些愛他和對他敞開的人圍繞在他的身邊，對那些只想滿足他們理智上的好奇心，或是爲他們的信念和意識形態找到支撐的人，他從來不關心。其次，對奧修的反對導源於下列這個事實：隨著門徒的增加，他對社會上的某些既得利益者漸漸構成威脅，那些既得利益是奧修在全國循迴演講時所揭露的，奧修解釋說：

……如果一個佛只是單獨一個人，他們就能忍受，他們知道他只是一個人，所以他能怎麼樣呢？他們比較容易能夠忍受克利虛納姆提，而比較不能忍受我，因為克利虛納姆提能夠怎麼樣呢？

以前我也是單獨一個人，在全國各地旅行，從一個角落到另一個角落，每一個月裏面幾乎有三個禮拜的時間都在火車上或飛機上，一直在旅行，那個時候都沒有問題，當我開始點化門徒的時候，社會就開始注意，為什麼呢？因為創造一個佛圈或一個社區意味著你是在創造另外一個可供選擇的社會，你已經不再是一個個人，你在聚集力量，你可以做一些事，你可以創造一個革命。

儘管很多人對他和他的門徒有很多負面的反應，奧修還是繼續吸引越來越多崇拜他和愛他的人，那些人不僅來自印度本身，同時來自西方國家。雖然在一九六八年到一九七〇年之間已經有一些來自西方的追求者跟奧修有了初步的接觸，但是在他定居孟買之後，又有更多的人來找他，他的某些演講開始被翻譯成英文而印成小冊子發行。

想要來看他的人一直在增加，很快地，他就需要再找一個更大的地方。在一九七〇年十二月，他搬到伍德蘭公寓，他同時指派女門徒拉克斯米（Ma Yoga Laxmi）和男門徒秦馬亞（Sw. Yoga Chinmaya）作爲他的秘書。拉克斯米照顧有關組織的事情，而秦馬亞，他已經在瑜伽和靜心方面有很廣泛而且很豐富的經驗，他可以主持一些課程。

拉克斯米先當奧修的秘書，然後在印度普那主持了一個奧修基金會，她對於奧修工作的拓展和成長貢獻了很多心力。她來自孟買一個很有名的耆那教家庭，她父親是一個非常成功的生意人，而且還是印度國會黨的一個成員，他跟國會裏面的很多領導人都很親近，包括甘地、尼赫魯、和帕鐵爾。他對印度的獨立運動非常有興趣，但是既然他的孩子還小，所以他只是在幕後幫助這個運動。

拉克斯米對印度的政治也非常有興趣，尤其是在一九六二年到一九六五年的期間。她第一次聽到奧修的演講是在一個全印度的國會婦女會議上，她當時是那個組織的秘書。當她看到他時，有一件不尋常的事發生了，她全身都顫動起來，某種東西觸動了她的心弦，接下來就是她開始哭，無法抑制地哭，她以前從來没有在任何人身上經驗過這麼深的愛和尊敬的感覺，之後，她和她的家人都和奧修認識，如果她仍然留在官場上，她現在或許已經當上了部長。

在一九六九年奧修在一個很美的叫做那哥爾的避暑勝地所舉辦的靜心營裡，拉克斯米有一個非常特別的經驗，根據她的描述，在這個靜心營裡，奧修首先在晚上演講，然後隔天早上主持靜心，在演講的時候，奧修說：「你不知道我為什麼來，但是我知道！」這些話語深深打動了拉克斯米的內心，使她對奧修的感覺更加深刻。當她夜裏躺在床上時，突然間「我是誰？」這個問題開始震動著她的整個身體，那個震動變得越來越強烈，然後她迸出無法抑制的笑，她舅舅從隔壁房間出來，看到拉克斯米處於那種不尋常的狀態，就變得非常擔心，她一直在歇斯底里地笑，然後奧修出來，將他的手放在拉克斯米的頭上，然後她就漸漸鎮定下來，接下來的一整天，她都處於一種非常喜樂的狀態。但是到了晚上，那個笑再度開始，那個「我是誰？」的問題已經停止震動，但是那個笑再度開始，這一次雖然拉克斯米一直笑到早上，但是她舅舅已經能夠確定她並沒有什麼不對勁。雖然她有三天的時間沒有吃東西，也沒有喝水，但是她的能量並沒有散發掉，這整個過程帶給她一個非常敏銳的覺知，而且完全改變了她的生活和方向。自從那一次以後，她就一直在奧修的引導下不停地工作，試圖給奧修的洞見一個具體的呈現。有一次奧修說：「永遠都要記住，拉克斯米所做的一切並不是出自於她自己，她是一個完美的工具，因此她才被選來擔任這個工作……她所做的一切都是我告訴她的。」

在這次靜心營之後，拉克斯米經常陪伴奧修去旅行，但是當奧修結束了他在傑波普的停留之後，另外一件重要的事發生在她身上。有一次，在靜心當中，橘紅色出現在她的內景，當她將這件事告訴她的母親，她的母親說，那是傳統的門徒的顏色。拉克斯米說她非常喜歡那個顏色，因此她只要穿那個顏色的衣服，她的母親說，穿橘紅色的衣服沒有問題，但是一旦她選擇了穿那種衣服，她就必須永遠穿它。拉克斯米做了一些橘紅色的新衣服，甚至在參加婦女會議的時候都穿那些衣服，她衣服的顏色攪動了其他參加會議代表的內心。

在一九七〇年七月一日，當奧修離開傑波普來到孟買，他的朋友們聚集在火車站迎接他。當火車慢慢進站，奧修站在車廂的門口向月台上的朋友們致意，他發現拉克斯米穿著她的新衣服站在群衆裡。當火車停止，奧修輕描淡寫地問她說她爲什麼要改變衣服，拉克斯米回答說，她無法解釋她爲什麼會有這個改變發生，奧修帶著一種淸楚和確定的口氣微笑著說，她將成爲他的第一個門徒，她的名字是瑪．瑜伽．拉克斯米（Ma yoga Laximi），因此拉克斯米成爲奧修的第一個門徒，雖然正式點化其他人成爲門徒是幾個月之後在馬那利靜心營的時候才開始的，這一點在前面已經有提過。

在搬進伍德蘭公寓之後，奧修點化了一些西方人成爲門徒，他們開始在西方散佈奧修所講的話。關於西方人如何被吸引到奧修這裡，有很多迷人的故事，但是在那些故事裡面有一個共同的特點就是他們都承認奧修是一個活佛，或是一個基督。當他們成爲門徒之後各自回到他們自己的國家，他們很明顯地遭到反對，但是他們仍然堅持他們所作的決定——穿橘紅色的衣服。他們形成了第一個西方門徒的親近團體，社區型式的生活開始發展。

奧修繼續待在孟買，從西方來的人一天比一天多。慢慢地、漸漸地，奧修開始減少跟大眾的接觸，停止公開演講，只有在他的住處面對一小群人講話。他停止跟媒體會晤，也停止跟一些達官顯要見面。他變得很少旅行，他變得比較喜歡將他的能量投放在那些具有追求眞誠和勇氣的人。他很清楚地在信中表達他的希望，下列這幾封信是在一九七一年初所寫的：

我所鍾愛的：

愛！

在前世我曾經答應很多朋友說，當我找到了真理，我一定會讓他們知道，這件事我已經做了，因此我在印度國內的旅行現在要結束了。

當然，也有一些不是印度人的朋友跟我有連繫，雖然這些朋友對於我前世的承諾沒有任何概念，但是我該做的，我還是一定要做，因此，一般來講，我會停留在一個地方，這樣的話，我才能夠給予那些追求者更多的照顧，這樣我才能夠對那些真正需要的人有更多的幫助。

一九七一年一月十六日

我所鍾愛的：

愛！

現在我的旅行幾乎結束了。我在前世對別人的承諾已經履行了，從現在開始，我將要只待在一個地方，那些想要來的人將會來，他們一直都會來，或許以這樣的方式我將能夠對那些真正需要我的人有更多的幫助，我已經完成了在我工作上的廣度，現在我要在深度上下功夫，我以前一直去拜訪很多城鎮，現在我要等他們，這是目前我的內心給我的指示，我從來不做違反我內心所指示的事，現在的情況也是如此。

一九七一年一月十六日

我所鍾愛的：

愛！

直到目前為止，是井去找那些口渴的人（奧修主動去找求道者），但是從現在開始，這種情形大概不可能了，現在口渴的人必須親自來到井邊，或許這樣也比較合乎自然的法則，不是嗎？我幾乎停止旅行，我的訊息已經傳達了，現在想要找我的人將會找到我，而那些不想找我的人，我也已經敲了他的門。

一九七一年二月十六日

我所鍾愛的：

愛！

我已經停止出外旅行，但是對那些真正來拜訪的人，我將會打開內在旅程的門。沒有一個人不會被照顧到，我將會進入你們的心，我將會對你們講話，那些你們無法透過外在語言來了解的，你們將能夠透過內在的語言來遵循。我已經透過那粗厚的來談論很多關於那精微的，現在那精微的必須只透過那精微的來傳達。

在一九七一年初，有一件非常了不起的事發生了，奧修的母親接受他的點化而成為門徒，奧修給了她一個新的名字：瑪・阿姆里特・莎拉史瓦提。那些當時在場的人看到兒子向母親行頂禮，以及母親彎下身子向她的兒子——現在是她的師父——行頂禮，都覺得非常感動。

當有人問她說作為奧修的母親感覺如何，她回答說：

……有兩種感覺……他是我的兒子，他也是奧修師父，所以當我向他行頂禮的時候，我覺得他是奧修師父，但是同時我也覺得他是我的兒子，那個溫暖是存在的，那個祈禱的感覺也是存在的……那個覺得他是一個神的感覺也是存在的。

隨著他的旅行和公開演講的減少，奧修就有更多的時間來會晤那些來自西方的人。第一個來自西德法蘭克福的是克莉絲汀伍爾福，她成爲門徒之後的名字是瑪．瑜伽．味味克，她是奧修很親近的同伴，她幾乎相當於我們在前面第三章所談到的奧修的女朋友夏許。夏許在奧修十七歲的時候就過世了，奧修透露了那個奧秘：

在我年輕的時候，我有一個女朋友，然後她過世了，當她最後躺在床上，她答應我說她一定會再回來，現在她回來了，那個女朋友的名字叫做夏許，她死於一九四七年。她是我們村子裡那個夏馬醫生的女兒，他現在也已經過世了，現在她重新以味味克出現來照顧我……

味味克是在一九七一年的阿姆山靜心營第一次看到奧修的，她跟一個朋友來到這個靜心營，第一次看到人們在做「動態靜心」，她回想：

我看到這些人在做「動態靜心」，所以我躲在樹叢裡，有兩天的時間，我

都躲在樹叢裡！我不知道這些人到底怎麼了，他們一直在深呼吸，一直在發洩，一直在喊「護！」，一直在跳，然後又哭又笑又尖叫，還有人把衣服脫掉！我不知道他們在幹什麼。然後有一天，有一個塊頭非常大的女人來找我，她的名字叫做塔魯，她說：「奧修看到你什麼事都沒有做！」我直截了當地說：「但是我無法做呼吸，我的呼吸卡住了，我無法做呼吸……」她說：「奧修想在三點半的時候見你。」

她描述第一次跟奧修的會面：

所以我就去到了奧修住的地方，我去到那裡，站在門口，奧修盤腿坐在椅子上，身上穿著印度裝，在跟一個印度人講話，當他在跟那個印度人講話的時候，他同時看著我，然後我的膝蓋鎖住了，站在我後面的那個印度人扶我起來，我想我當時一定是兩脚發軟。然後我就進去，奧修說：「你在靜心方面有困難嗎？」我看著他，然後我望著窗外的天空，沒有回答他的問題。我做不到，我想要做，但是我做不到，我只是望著天空幾分鐘，我不知道當時發生了什麼，但是我想我一定是昏過去幾分鐘，因為我已經想不起來在那幾分鐘裡面到底發生了什麼，我一定是從那裡再回來，我不知道。他告訴我如何做靜心，他還告訴我一些其他的事，那些我已經記不得了，事情就是這樣。

另外一天，奧修上了講台，那天晚上有一件事發生了，我還不是一個門徒。在靜心之後，當奧修要走進停在外面的車子裡，他叫我過去，因為我就站在外面，每一個人都在他的旁邊喋喋不休，他把我叫過去，將他的手臂搭在我的肩膀上說：「你來跟我住在一起。」那是他第一次說出像這樣的話，當他說這些話的時候，他將他的手臂搭在我的肩膀上，我就靠過去他的胸部，我覺得那好像是某一件我已經忘記的事情的連續，那件事現在回來。那天晚上我睡不著，我就坐在陽台，我知道說：「是的，當然，是是是……」然後我開始放鬆進入靜心，同時進入那個靜心營。

味味克有一個很特別的令人難以相信的經驗，有一次她一直哭個不停。她描述她在阿姆山靜心營的那個經驗如下：

那個靜心營是一個爆炸接著一個爆炸，又接著一個爆炸，每天都有一些事情發生，我不知道在發生些什麼，我只是任其發生，每一件事都覺得很美，我只是讓每一件事進來。在那一次一直哭一直哭的特殊經驗之後——當時我一直看著我的頭腦和我的身體——在那一次的靜心之後，我就只是坐在那裡，那個地方到處都是山，有一個女孩來到我身邊問我說到底發生了什麼……事情完全超乎我所曾經讀過或感覺過的。我就是這樣開始的，然後我回到孟買去接受門徒的點化。

有人問她，她是否記得以前跟奧修在一起時的某些事，她回答：

不，那不是跟奧修在一起的事。在我接受門徒點化之後的幾天，奧修在他的臥室以英文演講，當時在那個房間裡大概有三十個人，感覺有很多人在那裡，每一個人都喋喋不休，我只是坐在床上，突然間，咔剎一聲！我好像一支箭迅速地進入了內在……當時我經驗到一個前世，那並不是跟奧修在一起的事。當時我根本還不知道什麼前世。

我根本不知道什麼前世或輪迴，或諸如此類的事！我是以基督徒的方式來思考的——你只有一世，這是你唯一的一世，就這樣而已。

關於她在前世跟奧修的連結，味味克回想起下列一段她與奧修之間的談話：

在接受門徒點化之後，奧修問我的第一件事是：「你記得我嗎？你記得關於我的任何事嗎？」當他這樣跟我講，我再度有一個感覺，咔剎一聲！……每一件事都倒轉過來，來到我嘴邊唯一的一句話是：「我記得你是一個我非常愛的人。」我想不起當時我是什麼人，我唯一能夠想起的就是，他是一個我非常愛的人，我當時所能夠說的也只是這樣！我很直接地表達。

他再度問我說，我是否還記得其他的細節，我並不清楚。那天晚上，我躺在床上，我前世的死進入了我的意識，我可以看到我死的時候的情景，那個房子，和我的父親。我母親已經離開了，她很不得了！她跟另外一個男人私奔到巴基斯坦，因為她愛上了他，我不確定是我還在那裡的時候她就離開了，或者是我死後她才離開的，我想，她是在我死之前就離開了，然後我死亡的感覺出現了，每一個人都坐在外面的走廊或花園裡，但是奧修在房間裡，我只跟他在一起。

就在我過世之前，我要他答應我一定要把我叫回來，不論我在那裡，他都一定要把我帶回來，我要他答應不再去找另外的女人，不可以結婚！這一點我已經記不得了，這一點是他告訴我的。

當別人問她：「他有沒有遵守他的諾言？」味味克帶著眼淚，攙雜著笑聲說：「有。」

味味克可以很清楚地回想到她前世在卡達瓦拉的那個事件和地方：

我記得我們家就在一間廟的旁邊，奥修以前每天都到那裡去靜心，我就是這樣才看到他的。他常常去到廟裡，當我在花園或是往窗外看的時候，我常常看到他，我常常故意去看他！他說我常常跟著他去廟裡打擾他！

問：而且勾引他嗎？

我沒有勾引他，我只是單純地打擾他。那間廟剛好就座落在一個懸崖的頂端，底下有一條河。

問：那是在什麼地方？

在卡達瓦拉，那是奥修出生的地方，那條河就是奥修在演講時經常提到的，他常常到那裡去游泳，有幾次，我也跟他一起去游泳，但是他通常都想要單獨一個人。那個時候我是一個行為類似男孩的女孩。奧修說，他常常必須叫他的朋友盧亞姆看著那座廟的門，「好讓夏許不會再進來打擾我！」我常常帶一些東西去給他吃。

問：帶到廟裡去嗎？

是的，讓他在做完靜心之後可以吃。

味味克繼續談論她的故事，說她是如何，以及在什麼時候來跟奧修住在一起。

當他在阿姆山說過之後，他還說了很多次：「你來跟我住在一起。」我一直說：「什麼時候，什麼時候，什麼時候？」他說：「還不是時候。」然後有一天，他說：「現在你可以進來。」我說：「現在嗎？」他說：「是的！」事情就像這樣。起先我並不相信，因為我已經等了兩年。

問：有那麼長嗎？

有，直到一九七三年，我才住進他那裡，開始照顧他，為他做每一件事。在一九七四年，我們搬到普那去，所以我搬去跟他住在一起，完全照顧他的時間是在一九七三年。

當別人問起說，在她搬進去之後，她的整個工作就是照顧他嗎？味味克回答：

是的，照顧他的身體。就某方面而言，我可以看出它需要很多的照顧；就另外一方面而言，它並不需要很多的照顧，你只要跟著它漂浮就可以了，我學習到這種方式比我以前的過分擔心來得好。以前當他生病的時候，我會覺得很沮喪，但是現在我已經學會接受任何發生在他身體的事，同時儘可能做到我所能夠的最好的。如果我不對他的生病感到不悅，這樣反而對他的身體比較好，所以現在我只是看著那個情形，然後做一切我所能夠做的來協助他。當他生病的時候，你不能夠說：「好，現在他是怎麼樣，所以要給他這種藥。」你必須注意看他有什麼樣的情況，注意看他的眼睛，注意看他的臉，然後你就會有一種了解說：「好，或許可以這樣。」你不能夠說因為他有這種症狀，而醫生說你必須給他某種藥，而你只是給他那種藥，你必須去感覺。

當有人問道：「經常跟他的能量很接近是怎麼樣？」味味克回答說：

最美的部分——即使在現在，每天當我看到它，它也是變得越來越美，越來越美——就是看到奧修在睡覺。當他午睡的時候，我就跟著他睡，所以當我進去的時候，他已經睡了。如果我幸運的話，他的臉會向著我……對我來說，那就是我跟他在一起的一個縮影——當他在睡覺的時候跟他在一起。它就好像他在那裡，而又不在那裡；就好像他是一個剛生下來的嬰孩，而同時好像他是一個具有智慧的老年人，已經活過了億萬世，已經經歷過各種情況和經驗，每一件事都經歷過了，但是卻完全沒有被污染。他就好像一個剛出生的嬰兒，他也像一個非常古老的、有智慧的老年人，它就好像……不知道怎麼說……有一個空隙在那裡，同時又是一個充滿。

梵文「味味克」的意思是「覺知」或「意識」，她就是帶著經常性的覺知來照顧奧修，那是一個非常具有挑戰性，但是是非常有受益的工作。奧修解釋說他爲什麼要給她這個名字，以及它意味著什麼。在一九七一年四月十六日，味味克接受門徒點化的那一天，奧修說：

昨天早上有人來找我，我叫她當門徒，她覺得很迷惑，她叫我給她時間思考，然後再決定——至少兩天。我告訴她：「誰知道兩天後會怎麼樣？你需要那麼長的時間考慮嗎！」我堅持說：「今天就接受點化，就在這個片刻。」但是她還無法決定，所以我就給她兩天的時間，但是她隔天早上就來接受點化，她並沒有花兩天的時間，而只花一天的時間，我問她：「為什麼？我已經給你兩天的時間考慮，你為什麼要提早來？」她說：「……夜裡三點鐘的時候，我突然醒來，有一個很深的內在聲音告訴我說……『去接受點化。』」這並不是她所作的決定，這是由她深層的頭腦所作的決定。她一進門，我就知道她了，她要在二十個小時之後才知道那個頭腦，所以當我叫一個人「接受點化」，我之所以這樣對他說是有許多原因的，或者是他前世曾經當過門徒，或者是在他生命漫長的旅程當中，他曾經當過門徒。

我昨天給她另外一個名字，但是今天我必須改變它，因為那個名字是我在她還沒有決定的時候給她的，現在我要給她一個不同的名字，這個名字將能夠幫助她，但是當她今天早上來的時候，她本身已經決定了，現在那個名字已經不需要了，我給她瑪．瑜伽．味味克這個名字，因為現在這個決定是來自她的「味味克」——她的覺知、她的意識。

味味克跟我非常親近，因此她經常在受苦，她一定會如此，那是很困難的，跟我非常親近是一件很費力的事。你跟我越親近，你就會有越多的責任；你跟我越親近，你就越必須去蛻變你自己；你越是覺得不值得，你就越會開始覺得要如何變得更值得——那個目標似乎是幾乎不可能，我一直繼續在製造很多情況，我必須這樣做，因為唯有透過摩擦，整合才會發生，一個人唯有透過越來越困難的情況才能夠成長。成長並不是那麼柔和的，成長是痛苦的。

你問我說：「你怎樣對待味味克？」跟我在一起是一種受苦，那個任務是艱難的。

當奧修減少旅行、公開演講、和其他的外在事務，他的生活和工作就換了一個新貌。男門徒秦馬亞回憶在一九七一年五月的時候，奧修告訴他說，既然他的工作已經進入了較深的階段，就必須給予一個新的層面，直到那個時候爲止，大家都稱呼奧修爲「阿查亞」，它的意思就是「老師」，他叫秦馬亞爲他找一個新的名字，秦馬亞建議了幾個新的名字，從那些名字裡面，他挑出「巴關」，它的意思是「神」，然而它只是一個象徵性的名字，它意指著跟心、愛、和奉獻連接在一起的品質，它是用來象徵以心爲中心的工作，因此它是以愛的方式來發生，而跟奉獻、蘇菲、和密宗譚崔的精神相連通，奧修想要指出來的心的層面就是這個心或愛的層面。他的著重點已經不再在智性上，他已經不注重在吸引很多人。當他以前是一個老師的時候，他已經透過頭腦溝通得夠多了，現在他想要跟那些愛上他的人做心和心的連通，從那個時候開始，奧修就以「巴關．斯里．羅傑尼希」爲人所知。

奧修以下列的話語來描述他改名字這件事的意義：

> 幾年前，我叫秦馬亞來，告訴他為我找一個新的名字，因為我想要以一種新的方式來運作。我在全國都以「阿查亞」這個名字為人所知，阿查亞的意思就是老師，我以前是一個老師，我一直在教別人，也一直在旅行，那只是我的工作介紹性的部分，那只是對人們的一種邀請。
>
> 一旦那個邀請傳達到了，我就停止旅行，現在那些想要找我的人必須來到

我這裡。我已經到過他們的家，也敲過了他們的門，我已經告訴過他們說我在這裡，當慾望在他們裡面升起的時候，他們隨時可以來找我，我會等他們。我已經告訴他們要怎麼樣來找我，然後有一天我叫秦馬亞來，告訴他說：「現在為我找一個新的字，因為老師這個名詞已經顯得不足。」

為了這個我要去執行的新功能，他找了很多個字，我說：「找出一個世界性的名稱，找出一個不是相對的名字。」然後他就找到了「巴關」（Bhagwan）這個名字。

奧修喜歡這個新的名字。在指出它的象徵性意義和他工作的新層面，以及它所帶來的結果時，奧修繼續談論：

我喜歡這個名字，我說：「這個名字可以用，至少可以用上幾年，然後再拋棄它。」

我選擇這個名字有特殊的目的，這個名字用起來很好，因為那些以前經常來我這裡搜集知識的人，他們就不來了，從我自稱為巴關的那一天開始，他們就不來了，這對他們來講太過分了，這對他們的自我來講太過分了——居然有人自稱為巴關……它傷到了他們的自我。

他們不來了，他們以前來找我是為了要搜集知識，現在我完全改變我的功能，我開始在不同的層面上下功夫，現在我是給你本質，而不是知識。我以前是一個老師，而他們是學生，他們在學習，現在我已經不再是一個老師，你們來這裡也不是要當學生。

我在這裡是要把本質傳授給你，我在這裡是要使你醒悟，我不給你知識，我要給你真知，那是一個完全不同的層面。

稱我自己為巴關只是象徵性的，那表示我現在要在不同的層面上下功夫，這個名字非常有用，所有那些不對勁的人都自動消失，一種完全不同品質的人開始來臨。

它運作得很好，秦馬亞的選擇很好，它把來找我的人作了一個很好的篩選，只有那些準備融入我的人會留下來，其他的都逃走了，它在我的周圍創造出一個空間，否則那些人太擠了，真正的追求者很難接近我。群衆消失了，「巴關」這個字發揮出好像原子彈爆炸的功能，它運作得很好，我很高興我選擇了這個名字。

自從他採用了那個名字，人們時常問起説爲什麼他稱他自己爲神，它意味著什麼？奥修很詳盡地回答這些問題，他對這些問題的回答傳達出一個基本的訊息——每一個人潛在都是具有神性的，每一個人潛在都是一個佛。針對人們問：「爲什麼你稱呼你自己爲『巴關』？爲什麼你稱呼你自己爲神？」奥修回答如下：

因為我存在，也因為你存在，而且因為只有神存在。那個選擇並不在於是否要成為一個神，或是不要成為一個神，那個選擇是要不要去認出它。你可以選擇不要去稱呼它，但是你無法選擇不要成為它。

當你稱這個生命為神，你就將詩意帶進它裡面，你就將洞見帶了進來，你就打開了很多門。你會說：「更多是可能的。」你會說：「我們並不是終點。」更高可能性的領域會在你的看法裡面升起，你會開始夢想。當你說這個存在是神性的，夢就變得可能，那麼你就可以過著一種冒險的生活。神是最大的冒險……最偉大的朝聖旅程。

只有兩種方式可以為生命定名，其中一種就是現實主義者的方式，他稱之為物質，另外一種就是詩人的方式，或是夢想者的方式，他稱之為神。

我是一個厚臉皮的詩人，我不是一個現實主義者。我稱我自己為神，我稱你們為神，我稱石頭為神，我稱樹木為神，我也稱白雲為神……有了神，你們就可以成長，有了神，你們就可以乘著潮浪，到達彼岸。神只是對你命運的一個瞥見，你將一個人格給予存在。

那麼介於你和樹木之間的就不是空，介於你和你的愛人之間的就不是空——神可以用來作為每一樣東西的橋樑，祂包圍著你，祂是你的周圍，祂在你裡面，也在你外面。

當我稱我自己為神，我是故意要挑逗你的，我是故意要挑戰你的。我稱我自己為神，好讓你也能夠湊足勇氣來認出它。如果你能夠在我裡面認出它，你就已經踏出了在你裡面認出它的第一步。

要在你裡面認出它一定非常困難，因為你一直都被教導要譴責你自己，你一直都被教導說你是一個罪人，在此，我要將所有那些荒謬的東西拿開，我堅持說，在你裡面只缺一樣東西，那就是去認出你是誰的勇氣。

……藉著稱呼我自己為神，我並不是把神拉下來，我是把你拉上去，我把你帶到一個較高的旅程，我打開一個走向喜馬拉雅山山峯的門。

一旦你開始認出你也是具有神性的，你就能夠釋下重擔，那麼或許會有錯誤，但是不會再有罪惡，你並不是一個罪人。你或許會犯罪，你或許會誤入歧途，但你並不是一個罪人，不論你做什麼，你都不會失去你的神性，因為那是你的本性。

印度話的神——巴關——這個字，比一般的神這個字來得更好，這個字非常有意義，它意味著「受到祝福的人」，沒有其他的意思。巴關的意思是「受到祝福的人」——一個很幸運而能夠認出他自己的本性的人。

它不具有基督徒一般所認為的意義。當我說「神」，它聽起來好像是我創造了這個世界。我拒絕所有的責任！我並沒有創造出這個世界，我並沒有那麼愚蠢。基督教的神是一個創造世界的人，但巴關這個字是完全不同的，它跟創造世界無關，它只是意味著認出自己是具有神性的。在那個認出當中就是祝福，他變成一個受到祝福的人。

我稱我自己為巴關，因為我尊敬我自己。就我現在這樣，我完全滿足，我是一個受到祝福的人，我沒有不滿足。當你沒有任何不滿足，當你生命的每一個片刻都是一個完成……當你不欲求未來的任何東西，當你的現在是那麼地充滿、那麼地洋溢……當你沒有任何渴求，那就是「巴關」的意義。

那就是為什麼我們稱佛陀為巴關，他在他的宇宙論裡拒絕神，他說沒有神，沒有創造者。當佛陀說沒有神、沒有創造者的時候，基督徒變得非常困惑，如果是這樣的話，那麼為什麼佛教徒要稱他為巴關？

我們巴關這個字的意義是完全不同的。我們稱他為佛或巴關，因為他已經不再有慾望，他已經滿足了，他很喜樂，而且很逍遙，他已經回到家，那是他所得到的祝福，現在他跟存在之間已經沒有衝突，他跟整個存在都很和諧，他跟整個存在並不是兩個分開的東西，他們以同樣的方式在震動，他已經成為整體的樂隊的一部分，藉著成為這整個樂隊——星星、樹木、花朵、風、雲、海、和沙等所組成的樂隊——的一部分，你就變成受到祝福的，因此我們稱他為巴關。

當我稱我自己為巴關，我只是在告訴你說：「注意看我——玫瑰已經開花了，任何發生在我身上的也能夠發生在你身上，所以不要感到絕望，也不要覺得沮喪，注意看著我，你的希望就會復活，你就不會覺得沒有希望。」

稱我自己為巴關只是一個設計，我隨時都可以放棄這個名字。當我看到它已經開始產生作用，當那個連鎖反應已經開始，當我看到說它已經不再需要了……有一些人已經變成了一個火焰，那麼他們就是充分的證明，到那個時候，就不需要再稱我自己為巴關，他們將是充分的證明。如果我的一些門徒開始開花，我就會停止稱我自己為巴關，那個設計已經發揮了作用。

在奧修停留在孟買的期間，他變得越來越有時間接見那些個別的追求者和門徒，他跟西方追求者的接觸也越來越多。奧修解釋說爲什麼他停止公開演講，而更加專注在個人：

對門徒講話跟對廣大的群衆講話是不同的，那就是為什麼我必須停止對群衆講話，我必須創造出我可以跟他們用心來溝通的特別的一群——我的門徒。

剛開始的時候，我對大衆演講，那是一種完全不同的工作——我在找尋門徒。當我在對大衆講話，我使用他們的語言；面對大衆講話就好像在面對初級班講話，你無法進入很深，你必須談一些表面的東西，你必須看看你是在對誰講話。

然後慢慢地、慢慢地，有一些人開始從學生變成門徒，他們開始將他們的心託付出來，他們開始涉入我和我的命運，我的生活方式變成他們的生活方式，我的本質變成他們的本質。

因此，透過那些旅行，他暗中找到那些在之後幾年可以變成他家庭的一部分的人。透過他的靜心技巧，他能夠聚集很多勇敢的跟隨者，他們願意來分享他的洞見，同時熱切地想要探索他們曾經見過的新世界，訊息已經被傳達出去，途徑已經被指示出來，邀請人們來悟道的遙遠呼喚也已經發出，現在是要坐下來看著小溪匯集成大河的時候了。

他吸引了越來越多的西方人，很清楚地，他開始拓展他的注意力和慈悲到一個更大的規模，好像他打開了一個很大的門，整個世界都可以經過那個門，或者，他本身變成一個門，透過那個門，一個人可以找到很多條路來繼續他自己的追尋。奧修對來找他的追求者了解得很清楚——他們的本性、他們的品質、和他們的深度。他同時在準備他即將要做的實驗，他準備得很精細，爲的是要帶給這些追求者的人生一個蛻變。

西元一九七〇年七月一日到西元一九七四年三月二十日他待在孟買的這一段期間，他接見了很多個別的追求者，他私下直接會見每一個個人。在這一段期間裡，一個人幾乎隨時都可以去看他。很顯然地，他用這些早期的門徒來開始他的工作，好像他在做一些紮根的工作，好像他的根要找尋一塊土地來發動一個世界性的心靈醒悟運動。

最開始跟奧修接觸的那幾百個西方的追求者，幾乎有百分之九十都終身跟他在一起，他們大多數都是來印度作短期拜訪，住在奧修周圍，然後回到西方解決他們私人的問題，準備好變成奧修工作的一部分。他們作爲媒介，奧修就透過這些媒介旅行全世界，他們就好像一種神性的傳染，將奧修的靈性訊息傳遍整個世界。跟這些早期門徒接觸的人有很多會直接來找奧修，遲早他們也就涉入了他的事，而變成奧修大家庭的一部分。

這些早期的門徒表現出了奧修一直在顯示的同樣品質，他們都很勇敢、很叛逆、很有創造力，他們具有很大的潛力可以生出一種新的宗教意識。當奧修在孟買的時候，西方的追求者起初來幾十個人，後來在奧修搬到普那之後，他們來了幾千幾百個人，他們來自不同的文化和家庭背景、不同的宗教背景、和不同的靈性信念，但是他們有一個共同點：他們的心靈都已經成熟，而準備要接受奧修的能量和引導。在另外一方面，奧修也開始展開了他創造性的能量來設計各種方法，他還做了一些實驗，以那些作爲工具來蛻變他們的人生。

奧修早期在試驗西方的門徒，看看他們有沒有臣服，他會派他們到離孟買很遠的一個工作農場。男門徒阿南德維特拉格——南非人，一九七三年來到奧修門下——擔任這個團體的領導人。那個團體剛開始的時候有三十五個門徒，男女都有。那個地方座落在西印度馬哈拉許特拉州的中間，跟普那是同一州，那是一個非常原始的鄉村地方，離那個農場最近的村莊大約有八百公尺遠，但是離最近的城鎮沙利大約有六英里，而離最近的城市勸德拉坡大概有四十五英里。

那個農場座落在凡干卡河流域上，農場的主人瑪·阿南德·瑪依同意奧修在那裡作實驗。瑪依是奧修的門徒，奧修認出她是他某一個前世的母親。那個農場叫做凱拉許。

這個農場以及它的環境對這些人眞的是一項考驗，因爲這些人已經習慣於獨立和富裕的生活。他們住在野外的小茅屋，雖然他們來自不同的國家、不同的背景，而且以前從來互相都不認識，但是他們必須在一起生活。這個農場是要創造出一個情況，在那個情況下，門徒必須學習如何臣服。

這個臣服跟西方人對臣服的了解是不一樣的，它並不是意味著由於本身軟弱而把自己交給一個暴君，或是交給一個敵人，或是放棄個人的自由、身體、頭腦、和財產，而把自己交給某一個像吉姆·瓊斯的宗教領袖。就靈性的意義而言，那個實驗所做的是看看門徒能夠把自己託付出來到什麼程度，以及在完全覺知的情況下把自我交付出來的能力。自我對佔有物、人、和制約等的執著要在完全覺知當中放掉，才能走向經驗完全自由和喜悅之路，這是在這個農場裡面所做的實驗。

在此所提到的臣服並不是要放棄個人的責任，而是要放棄舊有的信念和價值觀，藉著臣服於一位成道的大師——一位已經超越了自我而變成跟宇宙合一的大師，而進入一個新的探險。在一個靈性的社區裡，只要透過這種臣服，而不需要其他的，只要讓事情透過你而發生。這個工作需要一種美學的品質，有一種氣氛被創造出來，使得每一個人都能夠跟別人保持和諧的關係。

剛開始的時候，整個事情都漫無秩序，沒有適當的裝備或材料，農場裡面也沒有一個人懂當地的語言，尤其，奧修也沒有給予清楚的指導原則或指示，他要維特拉格自己想出需要怎麼做，維特拉格坦白承認：「很可怕！」

那個工作很艱難，它必須在野外工作、做一些磚、園藝、以及到鎮上購物。早上四點就要爬起來做「動態靜心」，然後打掃住處，再用早餐。早上的工作一直持續到十點鐘，當時的天氣有時候高達攝氏四十八度，所以在中午的時候，門徒們都泡在河裡，到了下午四點鐘，他們才再恢復工作，一直工作到晚上七點。晚餐之後，他們會一起跳蘇菲舞，或是做蘇菲旋轉靜心，九點鐘上床睡覺。

維特拉格說：「它就好像戈齊福式的——除了工作以外，其他沒有什麼事要做的，不需要思考，工作就是主要的事，整個焦點著重在以臣服的精神來工作，戈齊福的『工作』是主要的因素，它指引著，以及影響著整個農場。」

維特拉格繼續評論當時的情形：「那是很艱難的，人們會對那個情況有強烈的反應，但是他們同時能夠學習到如何以愛和接受來生活在一個社區裡，至於那些不能夠接受的人，他們就離開。」

這整個實驗是一種雛形，日後在普那社區所展開的工作就是類似這樣。那個農場持續了十個月，一直到一九七四年八月。當奧修搬到普那，農場的那些人就離開凱拉許而跟師父在普那會合。

當西方的門徒被送到像凱拉許或沙馬畔的農場社區，印度本地的門徒就三五成群地被送往不同的城鎮和鄉村，每一個小團體都被稱爲克爾坦曼達里。門徒們唱頌奉獻的讚美詩歌，主持靜心，以及放奧修的印度語演講錄音帶。對於這些印度的門徒，他們所做的實驗也是一樣——如何臣服，以及如何在逆境中，在一個不熟悉的、不適意的環境中以愛和接受來生活，這些小團體也是持續到奧修搬到普那爲止。

在過去幾年當中頻繁的旅行，以及不正常的用餐，使得奧修顯出健康欠佳的跡象，尤其，他的糖尿病和氣喘病更加惡化。同時有一個情況越來越明顯，他們需要一個更大的，可以永久使用的地方，拉克斯米被派出去找尋一個適合大型社區的地方，最後她選擇普那，它在孟買的東南方大約八十英里的地方，它座落在一個高地，氣候良好，在歷史上具有重要性，是一個正統的社區，而且跟一些成道的人也有關係，最近的一個是梅賀先生（Meher Baba）。奧修的朋友們成立了一個基金會，叫做羅傑尼希基金會（Rajneesh Foundation），該會在普那市郊一個環境優美的地方購買了一塊大約六英畝（約七千坪）的土地。

剛好在奧修成道之後二十一年，也就是西元一九七四年的三月二十一日，他跟七個門徒一起搬到普那，開始了一個新階段的工作。在奧修抵達普那的那一天，他們舉行了一個慶祝會，慶祝奧修的成道和他的抵達，慶祝會的地點在目前的普那社區——可利工公園十七號（17 Koregaon Park）。

第六章

奧修普那社區：一個匯集的地方

西元一九七四年三月，在奧修搬到普那之前，他說他正在進入一個新的階段，他解釋說他的活躍能量之火，以及它爆炸性的力量已經結束了，而由安靜的品質取而代之：

現在那個火已經止息了，現在，就好像太陽在夜裡收斂起它的光芒，或者好像漁夫收起了漁網，我也慢慢收回我的活躍能量，說我收回並不適當，是那個收回自動發生，因為第三階段——不活動的階段——已經開始了，所以，你或許可以看到我漸漸從各種活動退回來。

似乎氣候的改變更進一步使他的健康變差，他患有急性氣喘病，而且有嚴重的過敏症。儘管他的健康脆弱，他還是繼續每天早上在草坪上主持達顯（darshan：師父跟門徒的聚會），他只對那些剛到達，或是要離開的門徒講話，那個聚會是非正式的，奧修有時候會提醒他的門徒：

……當你們在草坪上接近我的時候，要很真誠，而且很真實，不要盡是問一些理智上的問題，那些問題是沒有用的，不要問一些玄學上的問題，它們是不真實的，它們並不屬於你，將那些無意義的東西排開，不管它們是什麼。不要試著去操縱它，不要試著去將它合理化，或是去修飾它，要讓它盡可能保持原來的樣子，因為在一個師父面前，你必須是裸體的——你必須不穿衣服，你必須不要隱藏你自己。

在一九七四年四月間，儘管奧修處於生病之中，但他還是用印度語演講吉踏經的第十六章，這一系列的演講共分八次。在這一系列的演講結束之後，奧修幾乎進入完全的寧靜，他似乎已經不再有興趣演講，他同時也覺得待在普那不舒服，而叫他的門徒在孟買附近另外找一個地方，大家都感到很驚訝。他的計劃是，普那的社區仍然留下來作爲靜心中心，門徒也可以住在那裡，但是奧修本身要住在另外的地方。

同時，有靜心活動在皇后植物園舉行，它距離普那社區大約有三英里。這個地方適合做兩種主要的團體靜心：早上六點鐘的「動態靜心」，以及晚上的「蘇菲旋轉」靜心。

奧修的體況慢慢恢復，大家都覺得很高興，他經常在花園散步，而且似乎很喜歡那個環境。在四月三十日的時候，門徒宣佈說奧修要繼續待在普那，基金會繼續跟鄰居磋商購買社區旁邊的土地事宜。有一股新的能量和喜悅，以及一種方向感散佈在當時的氣氛之中。

然而奧修的收斂一直在持續著，在一九七四年六月之後，奧修停止親自帶領靜心，指揮台上改放一個空的椅子，它指示著一個新階段的開始。師父是在的，但是現在他的門徒必須在一個比較精微的層面來感覺他，他解釋說：

終有一天，這個身體的工具必須被拋棄，在這件事發生之前，你必須準備在我不在的情況下工作，那麼，即使我不在身體裡，那個連繫也不會喪失。

對門徒來講，在社區裡面典型的一天是以每天早上六點鐘的動態靜心作爲開始，那個靜心持續一個小時，在靜心之後，門徒們集合起來聽奧修的演講。在八點鐘的時候，奧修會來到老子屋的莊子廳。當奧修走近講台的時候，門徒們會很高興地雙手合十，向他致敬，奧修也是雙手合十，微笑地向門徒們答禮。那個演講大約持續兩個小時，以英語和印度語同時講出，新的系列演講在十一日開始，而持續到下個月的十日，演講之後，門徒開始用早餐，從十點半開始，他們就忙於被指派的工作，每天至少工作六個小時。每一個月的十一日開始都會舉辦一個爲期十天的靜心營，其中包括五個每天的團體靜心。來自世界各地的門徒和非門徒都參加這個靜心營。

來到社區的人潮穩定地在增加，尤其是來自西方的人。在七〇年代初期跟奧修接觸的一些西方人後來成爲團體治療的領導人，他們目前都跟奧修定居在普那。這些治療師放棄了他們在歐洲和在美國的金錢和聲望的利益而來到這裡，因爲他們發現在奧修裡面有某種他們所缺少的東西——靜心的品質。他們來這裡向他學習如何成爲靜心的。他們發現他是唯一能夠完全了解整體心理學觀念的心靈師父，而且可以將它使用在將很多人帶到一個更高的靜心層面。

在這些有名的治療師裡面有男門徒悌爾沙，他以前叫做保羅洛維，是歐洲第一個最大的成長中心「揆吉特」(Quaesitor) 的創辦人；男門徒索曼德拉，他以前叫做麥可巴涅特，他是一本備受讚賞的書「是人而不是精神治療」(People Not Psychiatry) 的作者；男門徒西達，以前叫做里歐納德如寧，他是一個加州的心理學家，同時是美國精神治療和神經學委員會的一個委員。

成長團體和原始治療團體在一九七五年四月開始，奧修很詳細地解釋治療的需要。有一次，奧修說：「治療是需要的，因爲人們已經忘記如何成爲具有宗教性的。治療在佛陀的時代並不需要，人們很自然地就知道要如何成爲具有宗教性的，治療是一個現代的需要。」將這個需要記在頭腦裡，奧修認爲他的門徒經歷過這些治療是需要的。他說：「在我的社區裡，每一個人都必須經歷過這些治療，它們將能夠幫助你把積壓在你裡面的垃圾清理出來，它們將能夠潔淨你的內在，唯有在一個清明的、潔淨的心裡面，寧靜的祈禱才可能，當寧靜的祈禱能夠升起，奇蹟就發生了。」

社區裡面的某些團體是特別設計來鼓勵參加者去探索壓抑的感情和情緒，比方說像憤怒、恐懼、嫉妬、和貪婪等等。這是整個過程的第一階段——排除情緒的障礙，讓能量毫無阻礙地流動。在這個階段之後，一個人可以進入更高級的團體，幫助能量流經整個人存在的所有層面：身體的、情緒的、心理的、和超越的。對奧修的門徒而言，治療的過程是走向蛻變的第一步，它並不是結束，它是找尋最終自由的開始。

幾乎所有整體心理學的主要分支都包括在社區的團體裡：直接面對經驗、原始治療、雷奇治療（Reichian Therapy）、完型治療、生物動能、羅浮按摩、以及其他很多社區獨有的技巧，它們是設計出來在人的能量方面下功夫。參加這些團體的人來自世界各地，以及各種不同的職業背景。每年大約有兩萬五千人來參加這些團體，他們包括醫生、律師、藝術家、新聞記者、商業人士、心理學家、教士、以及其他想透過社區治療團體過程來尋求個人蛻變的人。

西方的治療團體和奧修社區的治療團體基本上的差別在於社區有奧修的「在」，以及他對人類本性的洞見。男門徒拉建，以前叫作亞倫羅文，他放棄了在劍橋大學的心理學研究工作而來到了社區，他回想起社區治療團體的特性：

> 好的心靈治療師一直都在找尋一個對人的心靈能夠比他們本身了解得更好的人，就這個意義而言，像奧修這樣的一個成道的師父是最終的心靈治療師。藉著成為門徒，以及在他的指導之下練習心靈治療，我讓他帶領我超越以前了解的界限。

一個治療師知道頭腦如何在運作，但是一個師父會超越頭腦，而碰觸到一個人存在最深處的核心，因此一個師父甚至不只是一個「最終的治療師」，他還更多更多。西方的治療師開始將他們自己想成是師父，但是就品質上而言，師父和治療師是完全不同的兩回事，奧修解釋道：

你並不是你的表面，你是你的深度，醫師或治療師都無法碰觸到那個深度，那個深度只能夠被一個師父所碰觸到，因為他有那個深度。一個師父是一個沒有頭腦（no-mind：心無雜念），那是可能的最大差別……師父是一個「沒有頭腦」，他沒有什麼特殊的方法，他使他的「空無」讓門徒隨時可取，那個空無就是一種治療的力量。心理治療師試著要去治癒，但是從來沒有成功過；師父從來沒有試著要去治癒，但他總是成功，他的愛就是他的治療……只要跟一個師父在一起，你就會感受到那種治療的力量。師父並不是一個治療師，但是他的「在」就是一種治療，他的「在」具有治療的功用，它能夠治癒很多世的創傷，但他的治療過程並不是心理的，它是存在性的。

社區的治療團體非常獨特，因爲它們超越了一般社會和人格所設下的界限，它們在自由的情況下運作，而且帶著更大的強度，然而這些團體裡面的自由和強度被誤解成放縱和亂交，所以在印度或是在西方都引起很大的爭議，爭議的重點在於那些幫助解除性壓抑，以及按照密宗譚崔的傳統將性能量蛻變成愛，甚至更高而蛻變成祈禱的團體。奧修談到這些團體的實驗：

這些並不是新的實驗，密宗譚崔的追求者已經嘗試這個有好幾世紀了。長久以來，薩拉哈帕、替羅帕、和卡那帕都曾經嘗試過，我是第一次試著給予這些實驗一個科學的基礎。這些實驗在暗中進行已經很久了。這些實驗在經典裡面有記載，但是一般人從來沒有被告知這些事情，因為一般人被認為不值得尊敬，但是我尊敬他們，我問說為什麼一般人要被忽視，即使一般人也應該被給予機會來做這些實驗，為什麼他不應該知道說有一些方法可以提升他的能量？為什麼他要被欺騙？為什麼不給由性器官散發出來的能量一個向上提升而達到最高的能量中心——薩哈斯拉——的機會？

我正在透露那些直到目前為止都被隱藏起來的東西，那是我唯一的冒犯，為了這一點，我必須面對無數的難題，但是儘管付出再多的代價，我都不會停止這些實驗，我將會加強這些東西，它們將會及於更多更多的人。對於那些想要聽的人，以及那些想要了解生命的能量如何能夠從較低的蛻變成較高的的人，他們會有機會接觸到這些實驗。

因此，奧修所觀察到的是，當一個人很自然地去愛，換句話說，當一個人接受他的感覺和情緒——包括較低的那些——他就能夠走向蛻變之路，但是，他進一步解釋，在能夠達到這個自然的狀態之前，一個人必須有勇氣，而且眞實地先去了解在他裡面不自然的東西，治療團體能夠給予這些幫助。當有人問起：「治療團體的目的是不是要將參加者帶回他或她自然的自己？」奧修回答：

治療團體的目的並不是要把參加者帶回到他們自然的自己，根本不是這樣，治療團體的目的是要把你帶到一個點，好讓你能夠看到你的不自然。沒有人能夠把你帶回你自然的自己；沒有方法、沒有技巧、也沒有設計能夠把你帶回你自然的自己，因為一切你要做的都將會使你變得越來越不自然。

那麼治療團體的目的是什麼呢？它只是讓你覺知到你在你身上所發展出來的不自然的模式，它只是幫助你看清你生活的不自然，就這樣而已，當你看清它，它就開始消失了……當你看清你不自然的狀態，你就不會再去支持它。

不必你的合作，那自然的也能夠存在，但是那不自然的就無法存在了……一旦你看到說它是不自然的，你對它的抓緊就會鬆掉，你的拳頭就會自然張開。

治療團體並不是一個要去打開你的拳頭的設計，它只是幫助你看清說你正在做的是不自然的，在那個看清當中，就是蛻變。

有幾次，人們問奧修說爲什麼他不鼓勵印度人參加治療團體，奧修指出，西方人的需要跟東方人的需要是不同的，同時，東方人的心理跟西方人的心理也有顯著的不同，他解釋說：

長久以來，西方所發展出來的心理是外向的，而東方所發展出來的心理是內向的。對一個真正東方的人來講，成長團體是不需要的，他需要類似味帕沙那（靜坐靜心）或坐禪這一類的靜心，在那裡面，他可以忘掉整個外在世界而只是沈浸在他自己的本質裡，他不需要任何關係，跟別人關連是不需要的，他只需要將自己與世界隔離……成長團體之所以需要是因為你有很大的需要要跟別人關連、要去愛、要去溝通。在西方，基本的問題在於如何去溝通、如何去關連……這是一種不同的心理，這兩種都是到達「那最終的」的方式，一個是靜心，另一個是愛。東方已經發展出靜心的頭腦，而西方已經發展出愛的頭腦。愛意味著關係，而靜心意味著非關係。

奧修看到一個超越東西方之間差異的眞正可能性，因此他的治療團體實驗和靜心實驗都指向消除那些差異，而創造出一個全新的人——一個能夠免於所有的模式和行爲制約的人，不管它是屬於東方的，或是屬於西方的。要達成這個的唯一方式就是藉著創造出奧修所說的「靜心空間」——這就是治療團體和靜心的最終目的或目標，奧修解釋這個概念：

在此的整個目標就是要創造出一個靜心的空間，至於它是怎麼創造出來的，那並不重要。如果你需要團體的過程，我將會給你團體的過程，但是靜心的空間必須被創造出來，唯有處於那個靜心空間裡，所謂的東方或西方才會消失，所謂的東方心理和西方心理才會消失，那個分裂才會消失。

一個偉大的實驗正在進行……你或許沒有覺知到說某種非常重要的事情正在這裡發生，某種能夠形成一個「偉大的綜合」的事情正在這裡發生。一種偉大的道可能會升起，我們能夠達到原始的統一。

在奧修定居普那之後，他的父母偶而會來社區探望，雖然奧修的母親在一九七一年就接受奧修的點化（這件事在前面幾章曾經提過），但是達達覺得在心靈上並沒有準備好，直到在經驗過幾次的深入靜心之後，他才有了改變，在一九七五年十月十九日，當他拜訪奧修社區的時候，那個感覺變得很強烈，達達描述說：

那天晚上我也是從兩點鐘開始靜心，在不到十五分鐘或二十分鐘的時候，有一件非常深的事情發生了，在早晨五點鐘的時候，我聽到那個無聲之聲「嗡」從我的整個身體出來，我大聲地叫了出來。

奧修的母親和尼卡蘭克（一個兒子）都醒了過來，開始量我的脈膊。我笑著說：「你們瘋了嗎？那個我已經等很久的片刻終於來到了。」拉克斯米（奧修基金會秘書）叫他們不必擔心，然後她把這件事告訴奧修。

奧修來到了房間，我叫他站在我的面前，然後我向他行頂禮，他也向我行頂禮，我告訴他：「這將是你向我行頂禮的最後一次，因為現在我要成為你的門徒。」奧修給我一條串珠和一個新的名字——男門徒・德瓦提爾斯・巴提……自從那一天開始，以前的我已經不在了，每一件事都改觀了，一切的焦慮和煩惱都消失了。

它的確是一個稀有的現象：父親變成他自己兒子的門徒。在提及他父親的點化時，奧修說：

耶穌的父親從來沒有來到耶穌那裏接受點化；施洗約翰點化了很多人，但是他自己的父親從來沒來被他點化；克里虛納的父親也不是他的門徒。我父親是稀有的，並不是因為他是我的父親，而是他的確是稀有的。

正當奧修帶給來找他的求道者內在世界的和平，以及領導一個安靜的革命，在外在，整個國家都陷入動盪不安，印度正在經歷一九七四年脫離英國而獨立以來最大的政治動亂。反對甘地夫人和她的政府的政治團體在退休軍人的領袖那拉嚴的領導下，動員了全國的人民來反對甘地夫人的政府，情況變得十分危急，所以甘地夫人在一九七五年年底宣佈全國戒嚴，在戒嚴令之下，有很多公民的權利都被中止，媒體受到檢查，反對黨的領袖被抓了起來，對那些動亂的製造者都採取嚴厲的措施，但是這種對民主過程的壓制卻造成更多的動亂和對甘地夫人的敵意。在國外的新聞，她遭受到強烈的批評，她所遭受的壓力節節升高，最後迫使她停止大選，群衆的要求壓倒性地反對甘地夫人，因此她和她的黨派在選舉中落敗，以賈那塔黨爲名的反對黨聯盟獲得壓倒性的勝利，在一九七七年中，新的賈那塔黨開始執政。

賈那塔黨和賈那塔政府的大多數領導者都是舊的政客，他們都很保守而持反對的態度，他們不懂得國家的未來需要團結，而只是被他們對甘地夫人的怨恨拉著走，這個黨最資深的領導者之一叫做莫拉吉德塞，他同時當上全國的首相。德塞本身可以說就是他們保守主義和印度至上主義的縮影，在德塞當權的那一段期間，他常常擾亂奧修和他的追隨者。西元一九七八年，在透露德塞對他有敵意的原因時，奧修說：

莫拉吉德塞一直在反對我，那個衝突至少持續了十五年……現在他正在當權，所以在他裏面的法西斯主義搬上台面……有一次，當我開始批評聖雄甘地的時候，他想要阻止我進入他所管轄的古渣拉特省……但是他沒有辦法做到這件事，他將這個創傷記在心裏達十五年的時間。

德塞發動了一項運動來反對奧修和他的社區，由於他強烈地信奉甘地主義，以及他那清教徒式和正統的態度，加上在很多具有爭議性的主題上，他激烈地反對奧修的觀點，因此他使用他的影響力盡可能對奧修的社區和他的門徒製造麻煩。奧修對德塞所指控的事情的反應是直截了當的，他很清楚地說：「我的感覺是他一點都不了解發生在這裏的事……一切他所知道的就只是玩政治遊戲……」

另外，印度的報紙報導關於奧修和社區的故事，那些報導都很聳人聽聞，但大多數都是不正確的，因此整個情況變得更糟糕，而且有很多教派的領袖批評奧修和他的教導，對於所有這些歪曲，奧修解釋群衆有負面反應的原因，他同時解釋他的看法和他的工作性質：

他們都對我生氣，因為我不是一個偽君子，我按照我喜歡的生活方式過活，我說了一些跟我的生命諧調的話，比方說，我不反對生命以及它的喜悅，那就是我所說的，而我也是這樣在生活。如果我在表面過得像一個乞丐，如果我在挨餓，然後光著身子在街上，他們一定會非常喜歡我……但我不是一個苦行者，我生活在此時此地的樂園裏，我也教你要生活在此時此地的樂園裏，這個地球就是樂園，這個身體就是佛。

我教導我的人要過著一種單一的、統一的生活……要成為自然的，我想要佛陀和希臘的左巴越來越靠近而成為一體。我的門徒必須是「佛陀的左巴」。

我是一個物質的靈性主義者，那就是他們的困難，他們無法想像有這種東西，他們一直都認為物質主義跟靈性主義是完全相反的，但是我試圖要將它們拉近，事實上，情形本來就是如此，你的身體並沒有反對你的靈魂，否則它們為什麼要在一起？神並不反對這個世界，否則祂為什麼要創造這個世界？

那就是我在這裏的整個工作，我可以了解德塞為什麼非常不喜歡這樣，因為他是一個傳統主義者，是一個正統的印度教教徒，他沒有任何洞見，他對生命沒有洞察力，他只是一個法西斯主義的印度教教徒，而我對生命的主張是人的自由——給個人完全的自由。

除非個人會對別人構成危險，否則他不應該被干涉……每一個個人都必須成為他自己，必須給予足夠的空間去成為他自己。

那是法西斯主義的頭腦所無法允許的。

當德塞和他的賈那塔政府當權的時候，政府阻止奧修的社區購買土地，按照奧修的洞見建立新的社區。印度政府同時指示她的大使館拒絕簽證給想要拜訪奧修普那社區的人，同時政府也不允許英國、義大利、德國、加拿大、和美國的電視或製片公司拍製奧修社區活動的影片，其中一個被拒絕的就是英國的BBC電視公司，他們的申請在一九七八年的四月被拒絕。BBC電視公司的資深發言人在寫給奧修基金會的信上說：

我簡直不能相信，在經過我們所有的抗議要取得新聞自由，以便讓新聞記者在印度能夠自由進入任何他們想採訪的地方之後，居然在我們第一次申請採訪非政治性社區的案子時遭到擱置。

在一九七八年八月，印度的新聞局局長亞德瓦尼在國會的上議院公開宣布說：外國的電視和製片公司不准到奧修的社區採訪，因爲他覺得關於社區的影片會讓外國人對印度產生不良的印象。關於亞德瓦尼的陳述，奧修邀請賈那塔政府成立一個委員會來調查看看社區裏面的什麼事情會「讓外國人對印度產生不良的印象」。他同時邀請亞德瓦尼親自來拜訪社區，看看在社區裏進行的事，但是這兩個邀請都沒有被接受，賈那塔政府對社區的歧視非常明顯。很明顯地，那些批評和反對甘地夫人鎮壓民主的人，他們曾經公開宣示說要支持民主、非宗教主義、和新聞自由，因而取得政權，但是一旦他們當權之後，他們自己卻又做出同樣的事情，至少就奧修以及他的社區這一件事來講是如此。

儘管外在世界並不善待奧修以及他的社區，但是社區的活動仍然進行得很好，而且繼續在成長，越來越多的人來找奧修。奧修每天的行程包括晚間與門徒和來自各地的參訪者的聚會，這些達顯（師父與門徒的聚會）提供了一個跟師父親密交流的機會。師父會給門徒新的名字，然後解釋它的意義，他會跟那些剛到達或是即將要離開的門徒們聊天，以一種類似朋友和慈悲的方式來跟他們交談，如果他們有什麼困難或什麼問題時，他也會幫助他們。

在一九七九年二月之後，這些達顯換了一個新的形式，同時進入了一個新的層面，他們被稱爲「能量達顯」，那個模式改變了，奧修不再直接回答門徒的問題，而改成在閱讀門徒的書信之後，由拉克斯米來轉達他的回答。對門徒的點化還是照常進行，但是現在奧修在解釋新名字的意義時更加詳細。門徒到達或離開的達顯改成「祝福的達顯」，在這個新的達顯裏，奧修不跟他們講話，他會用他的姆指或食指壓在他們的第三眼，門徒必須閉起眼睛來接受師父的能量。在經過了「祝福達顯」之後，門徒們，尤其是在社區工作的人，能夠接受到一種更強烈的能量和狂喜的經驗，在這個時候，那個氣氛充滿了喜悅和慶祝。當奧修用手指壓門徒的第三眼，其他的門徒就在他的周圍圍成半圓圈，高高興興地跳舞，一大群人都隨著音樂搖擺，整個經驗就好像將自己打開，而變得對能量之流完全接受，奧修描述那個現象：

　　每當一個師父想要幫助你，想要清楚你的能量管道或是遭到阻礙的能量通道，他就會完全佔據你，他會降臨到你身上，然後他那較高品質、較純粹的、無限的能量就會進入你的能量管道……如果門徒真的臣服，師父就能夠立刻佔有他。

　　一旦你被師父的能量所佔據，一旦他的氣包圍著你、進入你，它就能夠產生很大的作用，它甚至是你下了好幾年的功夫都達不到的……如果師父能夠像瀑布一樣地進入你，就有很多東西會被洗掉，當師父從你走出來之後，你會突然變成一個完全不同的人——更潔淨、更年輕、更有生命力……

在一九七九年六月，奧修的健康又變差了，因此他必須停止演講和參加達顯。從一九七九年六月十一日到二十日之間，門徒們跟他在「佛堂」(Buddha Hall)一起隨著柔和的音樂靜心。

奧修不再講話，因為他的身體不好，他休息了幾天，在那幾天當中沒有演講，也沒有晚間的達顯。到了第三天，一切都很好，但他還是沒有出來演講，整個佛堂充滿了期待的門徒，他們在那裏享受音樂，作為靜心冥想「奧修不在」的一部分，在演講廳的前面擺著他那令人心酸的空椅子。

在第四天的時候，奧修終於出來了，他帶著一個脆弱與溫和的愛的氣息，飄飄然地進入了演講廳，走上了講台，坐在椅子上，以他的空來加重那個原本就是空的空間。

我們發出嗡嗡聲，我們擺動著身體，我們坐著品嘗他傾倒給我們的甘泉，多麼地慷慨，多麼地豐富，就好像外面的季候風帶來的豪雨。

到了第九天，那個能量達到一個高潮，他安靜的「在」似乎是滔滔不絕，好像他進入了我們每一個人，試著在感覺我們裏面有誰可以不需要語言——外在或內在的語言——而能夠跟他在一起。

在第十天，有幾千個門徒跟奧修聚集在佛堂裏慶祝第十天的寧靜，他就在那裏，在我們的面前，純粹的在，一隻手舉在半空中，它具有一種成道的絕妙，跳著舞、迴旋的橘紅色火焰圍繞在周圍，好幾千個帶有翅膀的心的渴望以祈禱充滿了整個空間。

從文字移到聲音和韻律，從聲音到寧靜，活生生的寧靜，很純很純的能量空間。

雖然門徒不得不要擔心師父的健康，但那是一個很美的經驗，他們甚至能夠更強烈地、更具有愛心地、更具有祈禱心境地感覺到他。在六月二十一日，奧修的身體恢復了，重新開始晨間的演講，那天早上，他跟門徒的講話更加親近，而且談論更多關於他自己，他詳細地談論關於寧靜，以及靜靜地坐著跟他交流的價值，同時暗示一個事實說或許在不久的將來，他就要停止演講（他的確在兩年之後停止演講，關於這一點我們會在下一章再作解釋）。下列的話語摘自一九七九年六月二十一日的演講：

時間已經成熟了，時候已經到了，我在此地的整個工作就是要創造整個佛圈或一個能量圈，使得這些永恆的真理能再度被說出來，這是一個稀有的機會，只有在經過好幾個世紀之後，偶而才有這樣的機會存在……不要錯過它。要非常警覺、非常留意，不僅是用你的頭腦來聽這些話，還要用你的心，用你整個人的每一根纖維來聆聽這些話，讓你的整體都被這些話所觸動。

在經過這十天的寧靜之後，正好是可以將佛陀帶回來的片刻，使他再度活在你們之中，讓佛陀的風吹過你們，是的，他可以再度被喚回來，因為沒有人會消失，佛陀已經不再是一個具身的人，他已經不再以一個個人存在於任何地方，但是他的本質，他的靈魂仍然是宇宙靈魂的一部分。

我感到非常高興，因為在經過十天的寧靜之後，我可以告訴你們說你們之中有很多人已經準備好在寧靜當中跟我交流，那是最終極的溝通。語言是不足的，語言可以說，但它只能說出一部分，而寧靜卻可以全然地交流。

使用文字也是一個很危險的遊戲，因為我的意義還是會跟我在一起，只有文字會傳達給你，然後你會用你自己的意思來解釋它，你會加上你自己的色彩，然後它將不會包含它應該包含的同樣真理，它將會包含其他的東西，其他某種更差的東西，它將會包含你的意義，而不是我的意義，你可能會曲解語意，事實上，幾乎不可能避免這種曲解。但是你無法曲解寧靜，要不然就是你了解，要不然就是你不了解。

在那十天裏，只有兩種人會在這裏：了解的人和不了解的人。但是連一個誤解的人都沒有，你無法誤解寧靜，那就是寧靜的美。那個界限是絕對的：或者是你了解，或者是你根本不了解，但是一定不會誤解。

這十天有一種奇特的美，還有一種神秘的莊嚴，我已經不再真正屬於此岸，我的船已經等我等很久了，我應該走了，我至今還能夠活在身體裏，這真的是一項奇蹟，這些都應該歸功於你們——歸功於你們的愛、你們的祈禱、和你們的渴望，你們喜歡我在此岸多徘徊一些時間，因此那個不可能的就變成可能。

在這十天裏，我並不覺得跟我的身體在一起，我很強烈地感覺被拔了根，或是脫臼了，所以，當你不覺得你在身體裏，而你還在身體裏的時候，你會覺得很奇怪，而且一直住在一個已經不再屬於你的地方，那也是很奇怪的，我的家是在彼岸，那個呼喚一直不斷地來！但是因為你們需要我，所以因為宇宙的慈悲——你也可以稱之為神的慈悲——祂還讓我多停留在身體一些時間。

語言對我來講已經變得越來越困難，它們已經變得越來越是一種努力。我必須講一些東西，所以我繼續對你們講一些東西，但是我寧願喜歡你們儘快準備好，好讓我們能夠只是靜靜地坐著……聽小鳥唱歌，或者只是聽你自己的心跳，只要存在就好，什麼事都不必做。

儘快準備好，因為我隨時都可能停止講話。讓這個消息傳到世界上的每一個角落：那些只想透過文字來了解我的人，他們必須快點來，因為我隨時都可能停止演講。不能預測的，它隨時都可能發生，甚至在一句話講到一半時都可能發生，然後我就無法講完那句話！那句話將會永遠永遠都懸在那邊……未完成。

但是這一次你們把我拉回來了。

當門徒們在享受著「能量達顯」、生活在慶祝當中以及做一些創造性的工作時，他們並沒有覺知到說有一個具有強度和意義的經驗即將發生——奧修的父親達達之死。

自從一九七八年開始，達達和大多數的家人，包括奧修的母親、兄弟和他們的妻子、小孩，都離開了卡達瓦拉，而生活在奧修的社區。幾乎不可能不注意到達達，他有著一頭白髮，身體雖然老了，但是臉部卻表現出生命和喜悅，他開朗的微笑和眼神表現出內在的和平和滿足。在克爾坦的慶祝會當中，他是一個愉快的主人，那個慶祝會有一個禮拜都在他的住處舉行。

有一段時間，達達的健康一直很好，但是自從一九七五年之後，他有六次心臟病復發，在他離開他的身體之前一個半月左右，他因爲心臟病而住進醫院，下列是我個人對那個事件的經驗。

那是印度雨季一個潮溼的夜晚，晚餐之後，我在我的辦公室工作，在我工作半個小時之後，我聽到一個女孩子的聲音告訴我說：「先生，達達過世了，我們要在佛堂舉行慶祝會。」那個訊息是一個震撼，我往門邊看她是誰，但是她已經離開了，我立刻將我手上的工作擺在一旁，站了起來，然後跟其他門徒到佛堂去，那個消息切斷了我跟其他每一件事的連繫，它把我推到當時的那個片刻，我靜靜地坐在佛堂裏。

就在一個星期之前，我才在醫院裏見過達達，我跟他有約，事實上我們講好要談論奧修的事，他會告訴我一些奧修小時候的故事和事件，他看起來跟以前一樣地愉快，而且似乎已經恢復得很好，他已經住進醫院有五個禮拜的時間，醫生已經答應他再過幾天就可以出院，但是當我坐下來向他行頂禮，他看著我，然後帶著抱歉的口氣說：

除了我以前已經說過的之外，我並不想再多說任何關於奧修的事，我已經不想再見人，我甚至覺得不想再吃東西，既然你從老遠跑來就是為了這件事，所以我感到很抱歉。

我叫他不要覺得抱歉，然後我告訴他說，等他完全康復回到社區之後再另外安排時間，我跟阿瑪吉（奧修的母親）和沙連德拉和阿米特（奧修的兄弟）聊了一下。達達的兒子扶他慢慢走出房間，他覺得很熱，全身無力，因此我們將他帶回房間去讓他躺下來，他把眼睛閉起來睡覺，然後我就回到社區。

達達死於一九七九年九月八日下午八點四十五分，但這是他肉身體的死，他在當天的清晨三點鐘就已經達到三摩地的狀態，那是一個頭腦從身體分離出來的狀態。有了那個第一次對永恆的瞥見，他就覺知到說他即將要過世了，他派人去叫奧修過來，因爲他想要跟他道別，但是他又立刻傳信說，奧修可以不必來，不管怎麼説，奧修還是跑去看他的父親。隔天早上，他在演講中回答味克的問題，他描述他跟他父親最後一次的見面：

隔天我去看他，我覺得非常高興，因為他可以死得很好，他已經不再擔心身體，前兩次是我自己去看他的，但昨天是他叫我去的，因為他已經確定他即將要過世，他想要跟我說再見，他說得很美，眼睛裏面沒有眼淚，也不再對生命有任何渴望。

一旦這個對身體和對生命的執著消失了，一個人就可以免於生死的輪迴。當一個人沒有慾望再回到身體來完成未完成的慾望，意識就變自由了，而能夠融入「那永恆的」。「因此，就某方面而言，」奧修說：

它並不是一個死，而是一個進入永恆的生，或者也可以說它是一個完全的死。所謂完全的意思是說現在他已經不必再來了，那是最終的成就，沒有比這個更高的成就。

這個死是不尋常的，同樣地，父親和兒子的會合、師父和門徒的會合也是不尋常的。兩個人——一個已經跟整體合而為一，而另外一個正要進入它，那是他們最後的會合。父親非常愛這個兒子，奧修也是從小時候就以愛心來服侍父親。有一次我跟達達會晤的時候，他很高興地回想起有一次他生病的時候，當時奧修十五歲，他不僅爲他按摩，而且還不顧醫生的禁止，偷偷帶糖果給他吃，但這次的生病是最後一次了，父親和兒子已經不再一樣了，那是一個幾乎無法相信的會合，那是兩個人處於親密，但是不執著的關係之下的會合。

關於這個最後的會合，奧修曾經在一次印度語的演講裡給予聽衆更進一步的瞥見：

在最後一天早上，他傳來一個消息，所以我說：「我這就來。」當我回話說我這就來，他立刻通知我說不需要了，不必麻煩，但我還是在三點鐘的時候去，我感到很高興，因為他對我的執著，他對於要看我的執著，那個最後的枷鎖終於被打破了。當我告訴他說他的房間已經準備好了，有一間新的浴室也已經蓋好了，再過一兩天，他就可以出院；已經為他叫了一輛新車——既然他的脚受傷不好走路，所以有一輛新車已經來了。在聽完所有這些之後，他對新車子、新房間、或新浴室一點興趣都沒有，他只是聳聳肩，一句話都沒說，如果他有表現出一點點的興趣，他就一定要回來。當他只是聳聳肩，我覺得很高興，他的聳肩表示每一件事都已經沒有意義了——現在所有的房子都沒有意義了，所有的車子也都沒有意義了，現在已經是既沒有來，也沒有去。

所以大約在晚上九點鐘的時候，有一個很大的慶祝會在佛堂舉行，門徒們在那裡哭泣、跳舞、和唱「哈利路亞」，那是奧修所希望的方式，因爲，就如他所說的：

他在完全的寧靜、喜悅、與和平當中離開世界，他像一朵蓮花一樣地離開世界，那是值得慶祝的，這些情況可以讓你們學習如何去生和如何去死。每一個死亡都必須是一個慶祝，但是唯有當它能夠引導你到一個較高的存在的層面，它才可能是一個慶祝。

越來越多的門徒開始聚集在佛堂裡，當跳舞和歌唱變得越來越強烈，我變得更深入我自己。

大約在十點半左右，達達的身體被帶到佛堂，放在大理石的台上，奧修就從那個台上演講，奧修的母親和其他的家人都是滿臉眼淚，守候在達達身旁，達達的臉上發出一種明顯的光芒。依我看來，他好像是處於深深的靜心當中，而不是過世。過了不久，奧修來了，他跟平常一樣地微笑著，雙手合十，向每一個人致意，然後他將一個由樹葉做成的花圈放在達達的頸部周圍，然後跪下來，那是非比尋常的一幕，佛堂裡面的能量非常強，奧修碰觸他父親頭部的兩個地方。在演講的時候，他解釋說他在做什麼：

我碰觸了他身體的兩個地方，一個是阿格亞能量中心（Agya Chakra），因為只有兩個可能性，或者是他可以透過阿格亞能量中心來離開他的身體，如果是這樣的話，他就必須再出生一次，只有一次；如果他透過第七個能量中心，薩哈斯拉，離開他的身體，那麼他就不必再投胎。首先我檢查他的阿格亞能量中心，我將我的手放在他的阿格亞能量中心，但是我有一些顧慮，因為生命從那裡離開的那個能量中心會好像花蕾開花一樣地打開，對能量中心有經驗的人能夠只是藉著碰觸就立刻感覺到生命是從那一條路走出去的。我很高興地看到他的生命並沒有經過阿格亞能量中心，然後我碰觸他的薩哈斯拉，它也被稱為「千瓣蓮花」，我發覺它是張開的，他是透過第七個門飛出去的。

幾分鐘之後，奧修帶著微笑離開佛堂，不久之後，達達的身體被帶到附近的焚化場，後面跟著好幾百個穿著紅色衣服的門徒，他們在唱頌著：「欣喜！欣喜！」大約在清晨兩點鐘，達達的身體被放在木堆上，火被點燃，當唱頌和跳舞到達了最高峯，橘紅色的火焰吞沒了身體，整個焚化場都變成橘紅色的。

奧修對死亡以及它的很多層面都有詳細的討論，他對死亡的討論不亞於他對生命的討論。他討論死亡的主要用意在於使他的門徒了解死亡的現象，然後使用它作爲工具來使他們對生命本身的認知更爲成熟。他對於死亡很深的奧秘的透露主要是基於他自己對死亡最深意義的直接經驗，而不只是對它一個理智上的觀念化。爲什麼死亡在西方一直都保持是一個謎，這似乎是因爲人們從來不去直接面對死亡而不要試圖用他們的頭腦去解釋它，事實上，整個西方對死亡的態度一直都是一種負面的接受。死亡被認爲是生命的結束，被認爲是一件不可避免的事，但是當要去面對它的時候卻帶著恐懼，而在不願意的情況下接受，去面對它的唯一方式就是藉著以理智來看它而避開它、逃離它。西方人不僅將死亡看成是一種跟生命分開的事，而且還將它看成是反對生命的事。

死亡基本上是生命的一部分，死亡並不是在未來的某一個地方，事實上它跟每一個生的片刻是共同存在的，因此對奧修來講，死亡並不是一個智性上的問題，而是一個存在性的問題，他說：

你無法用思考來解決它，你只能夠創造出虛假的答案……死亡在那裡，去面對它，跟它碰頭，完全跟它在一起，不要去想它，你能夠想什麼呢？死亡是那麼新的一個現象，它是那麼地不為人所知，你的知識將無法有任何幫助，所以，將你的頭腦擺在一旁。

基於他自己的經驗，奧修指出死亡的另外一個層面——「靜心的層面」。他解釋說：

悲傷將會存在，憂愁將會存在，將會有一個重擔壓在你身上，讓它存在，它是生命的一部分、是成熟的一部分，也是最終達成的一部分。跟它在一起，要全然地「在」，這將會成為靜心，你將會對死亡有深入的了解……那麼死亡將會帶領你到生命的最核心，因為死亡就是生命的最核心，它並不反對生命，它是生命的過程。

奧修最爲強調的是那種能夠將一個人引導到「永恆生命」的死，就好像在優婆尼沙經裡面所說的：把我從死亡引導到不朽。「我要求你們，」奧修說：

生活在覺知當中，覺知到即使在死亡的時候也要保持有意識，那麼即使在你到達死亡的時候，你也是處於靜心當中，那麼當死亡發生的時候，你一直都是清醒的。當你免於身體的時候，那個意識之火應該繼續燃燒。只要你能夠有意識地死，你就永遠不會再被生出來，也永遠不會再死，那麼你就達到了「那永恆的」。

達達事實上是經歷了一個有意識的死，那是一個很美的死，一個完全的死。因爲他生活過得很盡致，有喜樂，也有歡笑，所以他能夠死得很美。當然，他已經知道了生命，但是他不知道說有一天他自己的兒子會教他死亡是什麼——那種能夠帶給他永恆的和平和成道的死。

以同樣的精神來慶祝生命和死亡，奧修的社區繼續在成長，越來越多具有創造性的活動被加進了社區。對門徒而言，創造性和藝術的表現變成他們每天靜心絕對必要的部分。

對奧修的門徒來講，門徒意味著生活在世界裡，但是不要執著於它，以及透過創造出美的藝術和工藝來分享靜心的喜樂，因此有很多不同的藝術和工藝活躍在奧修的社區。社區的陶藝頗負盛名，紡織工作室也與之齊名，生產出很多斗蓬、夾克、披肩、毯子、和小孩子的玩具，由社區設計和製造的衣服和袍是大家所喜愛的。

奧修的劇團頗獲印度報紙的好評，它在一九七九年七月於孟買創造出多彩多姿而且有趣的莎士比亞喜劇——「仲夏夜之夢」，這個劇團還在印度的其他城市巡迴演出，包括古渣拉特省的蘇拉特和阿米達巴德。受到持續演出成功的鼓勵，該團在一九八〇年三月在首都新德里演出「仲夏夜之夢」和「十二日節前夕」。

社區的健康中心有現代化的實驗室和手術設備，由合格的醫師來主持。健康中心的成員做了很多研究來控制印度本地的疾病，比方說肝炎，因爲這種疾病很容易傳染給來自西方的人。

製片部門使用高度精密的設備來錄製奧修每天的演講，這個部門由門徒裡面的電子工程師來主持。門徒們同時實驗以新的方式來使用熱能，比方說建造能夠利用太陽能的房子。

社區也製造一些對植物無害的清潔劑和肥皀，他們使用非動物性脂肪和天然油來製造很多肥皀、洗髮精、和面霜。社區的餐廳每天供應素食，有不加蛋的蛋糕、糕餅、自製的優酪乳、起士、和奶油花生醬。

門徒們還從事水耕，做得相當成功。

到了一九七九年，已經有超過一百個治療團體被發展出來，它在目前隷屬於奧修多元大學。這些團體後來被合併爲二十個主要的團體，分成工作人員參加的團體和非工作人員參加的團體兩種。除此之外還提供了很多特別的課程，比方說太極拳、空手道、印度舞蹈、英語、印度語、和室内音樂等課程。

由於社區的迅速擴展，所以很快地，六英畝的土地就不夠用了，因此他們在離普那二十英里的地方找了一塊四百英畝的土地，那塊土地大部分是不毛之地，座落在沙斯瓦德鎮的賈達瓦迪山谷。他們計劃在此建立一個「奧修新門徒國際社區」，可以容納一萬個門徒，他們可以在愛和靜心當中一起生活、一起工作，儘可能成爲一個自給自足的社區。

爲了要取得那一塊土地，他們先在那塊土地的旁邊租了一個舊的城堡來容納手工藝工業和工作人員參加的治療團體，同時，社區的門徒們開始整理一些土地，他們試圖取得馬哈拉許特拉州政府的許可，讓他們能夠將一部分土地作爲非農業用途。

在賈達瓦迪的新社區於一九七九年十二月十一日開始啓用，那一天是奧修四十八歲的生日，超過六千個門徒開車或坐車到這個新社區，在這塊地的最高點舉起了經過特別設計的旗子，這塊地是要被用來建造一個漂亮的靜心中心，新社區成立了四十九個不同的部門，整個計劃包括靜心大廳、治療室、一個大學、一個五星級的旅館、一個戲院、一個製片機構、和戲劇藝術、工藝、音樂、繪畫、雕刻等各個學院，以及其他很多設施。

奧修的看法認爲一個社區是一個架構，在這個架構裡面的成員可以經驗到心靈的醒悟。奧修稱這個社區以及它的環境爲「佛圈」，它必須讓事情能夠在一種放鬆的、具有創造力和愛心的方式下完成。不再有任何嚴肅的工作，整個觀念都要指向藉著讓個人敞開來接受改變而達到培養心靈成長，以這樣的方式來做的話，工作就不再是一項嚴肅的生意，而是變成一個持續的遊戲，在這種情況下，社區的生活就需要一種審美的品質。在這個社區裡，沒有人應該以一種老舊的、固定的角色或職位來運作，每一個人都應該被視爲具有未被發現的潛力，而必須給他機會來發現他或她的神經。社區應該比較是一個實驗室，而不是一個組織，在它裡面必須進行實驗，看看那一個方法、途徑、技巧、或洞見最能夠將佛性帶到地球上。

奧修曾經詳細描述他對社區的看法，解釋社區如何培養出一個屬於未來新的個人，以及它如何能夠將這個地球變成一個樂園，下列的節錄可以摘要地說明他的看法：

這就是一個教會或一個社區的意義，我們將我們的意識集中起來放在同一個空間裏，然後每一個人都會影響到其他的人，那麼就會有很大的能量釋放出來，如果只是單獨一個人，你無法走得非常高，如果只是一個人，你是單獨的，當你是單獨的，就會有各種限制，當你跟很多人成為一體，就有無限的能量可供使用，有很多事情會開始發生，那是單獨一個人的時候所無法發生的。你們將你們的能量跟我會合，很自然地，你們將會開始感覺到同樣的韻律和同樣的心情充滿著整個社區。

這整個實驗就是要將一種佛性帶進世界。這個社區並不是一個平常的社區，這是一個要將神性引發出來的經驗，你或許沒有覺知到將會發生什麼，你或許只覺知到你的難題，你來找我或許只是要解決你的困難，那是次要的，我在做的是另外的東西。

我在試著創造一個神能夠出現得越來越多的空間，這個社區將成為一個連接，這個世界已經喪失了那個連接，神已經不再是一個真實的存在，就這個世界而言，尼采說「上帝已死」是對的。那個連接已經斷掉了，神只能透過那個連接而存在。神在那裏，而我們在這裏，但是彼此之間沒有溝通的橋樑，所以我們怎麼知道神呢？這個社區是一個創造出那個橋樑的實驗……

我慢慢在下功夫，我會漸漸加進更多人到你們的社區，不久就會有好幾千個人來，遲早我會創造出一個小的城市，在那裏人們將會完全無我地生活著，人越多就越可能有奇蹟會發生，因為有更多的神性會浮現出來，天空將會更接近你。

當你加入我而成為一個門徒，你就放棄了你自己，你就消失了，當你加入了這個社區，你就必須完全抹煞你自己。如果還有一點點自我存在的話，那麼對你或對社區來講都將會是一個困難，那麼你就無法從我這裏得到好處。

這個新的社區是一個靈性共產主義的實驗。

「共產主義」(communism)這個字來自「社區」(commune)這個字，世界上只有一個共產主義的可能性，那個可能性就是透過靜心。

透過改變社會的經濟結構不可能產生共產主義，改變社會的經濟結構只能夠帶來新的階級，它無法產生出一個沒有階級的社會。無產階級或許會消失，中產階級也可能不見了，但是將會出現統治者和被統治者，那就是發生在俄國的情形，那也是發生在中國的情形，新的差別和新的階級因應而生。共產主義基本上是一種心靈的洞見，它並不是一個改變社會經濟結構的問題，而是改變人們心靈的洞見。

新的社區將會是一個空間，在那裏我們可以創造出一些不執著於比較、不執著於自我、不執著於人格的人。新的社區將會是一個使新人類成為可能的地方。蘇格拉底說師父是一個接生婆，他這樣說是對的，所有的師父都是接生婆，他們都一直在將新人類帶進存在，透過他們，一種新的人類就誕生了。

舊的人類已經結束了，舊的人類已經不再健全，而且所有屬於舊人類的東西也變得不健全、不相關。舊的人類是否定生命的，但是新的社區將會創造一個肯定生命的宗教性。

新社區的座右銘是：這個身體就是佛，這個地球就是蓮花樂園。

我在這個新社區的努力就是要創造出一個不是部分而是一個全然的、完整的、神聖的人，一個人必須這三者都在一起，他必須跟科學家一樣地精確和客觀，同時他必須跟詩人一樣地敏感和充滿著心，而且他必須跟神秘家一樣地根入他內在本質的深處。他不應該選擇，他應該讓所有這三個層面都一起存在。

這個新社區必須創造出一個空間，使得這種多層面的人可以誕生，未來屬於這種新人類。

這個新社區將會是一種全新的靈性和宗教性，沒有人是一個印度教教徒，或是一個基督徒、或是一個回教徒、或是一個耆那教教徒，而是每一個人都將會是具有宗教性的——只是具有宗教性。對我而言，宗教不需要形容詞，當宗教執著於某一個形容詞，它就不再是宗教了，它就變成了政治。

這個新社區不尊敬任何受虐待的傾向，它尊敬任何美學主義者，它不尊敬任何不正常和不自然的傾向，它尊敬自然的人，它尊敬成人裏面的小孩，它尊敬天真，它尊敬創造力，它尊敬一個畫出一幅很美的圖畫的人，它尊敬一個吹笛子吹得很美的人。笛子手將會是具有宗教性的，畫家將會是具有宗教性的，舞蹈家將會是具有宗教性的，但是那些進行長時間斷食的人、或是折磨他們自己身體的人，或是躺在釘床上面的人、或是把他們自己弄成殘廢的人，他們並不具有宗教性。

這個新社區將會是一個新人類的開始，它是需要的，絕對的需要。如果我們無法在未來的二十年裡面，在這個世紀末了之前，創造出新的人，那麼人類就沒有未來可言。舊的人類已經走到窮途末路，舊的人類已經準備要做全球性的自殺，第三次世界大戰將會是全球性的自殺，唯有當新的人類被創造出來，這種全球性的自殺才能夠避免。

當奧修社區有新的能量繼續在推動，門徒們正在忙於計畫建立新的社區，整個印度都在爲即將來臨的大選感到興奮，這次選舉具有特別的意義，因爲先前被賈那塔黨打敗的甘地夫人決心要再出來競選，而且誓言要取得勝利，她集合她的黨羽很成功地說服人民說，自從一九七七年賈那塔黨執政以來，他們的政府表現得很沒有效率。

奧修祝福甘地夫人，而且表示歡迎她捲土重來：

一旦她能夠回到國會，她將不會長久失勢，她是印度唯一的希望，因為她有勇氣，她能夠把事情做好。

奧修對甘地夫人的評價很清楚，而且很直率：

她有勇氣採取革命性的步驟，那些步驟是迫切需要的，茵蒂拉（甘地夫人）一直都喜歡我的思想，她一直對我的思考方式有一種愛，我想要這個國家經歷一次大的革命，茵蒂拉有能力做到這一點，我全心全意祝福她。

甘地夫人贏得了選舉，她的國會黨在議會裏面贏得了多數的席次，在一九八〇年一月，她和她的黨羽重新掌權，她不在位的時間前後只有三年。

奧修繼續尖銳地批評既得利益、正統的宗教、和社會上一些僞君子的領導者，不論他是東方的或西方的。就像我們所看到的，他考慮的重點一直都是按照事情本然的樣子來看它，而且不管別人怎麼感覺，他都要讓眞理顯露出來，就是因爲這樣，所以他惹來很多麻煩和來自各方的反對。對於他的演講和工作最暴力和最戲劇性的反應就是發生在一九八〇年五月二十二日的那一次事件，有一個宗教狂熱份子試圖在他晨間演講的時候要暗殺他。

在五月二十二日那天，社區的事務按照正常的程序在進行，奧修用印度語在演講，大約有一千五百人聚集在佛堂聆聽奧修的演講，那是一個舒服的夏日早晨，突然間，在大約八點半的時候，有一個年輕人忽然從聽衆當中站起來開始跑向奧修，他用印度話喊著：「奧修，你所講的話都在反對我們的宗教，我們不能忍受。」他的前進路線立刻被社區的警衛所阻擋，但是在他們將他抓起來之前，他向奧修丟出了一把刀，那把刀飛過奧修的面前而掉落在地面上。

在這個事件發生之前的幾分鐘，社區的安全人員有接到普那警察局的密報說，有一個攻擊即將發生，當那個攻擊發生的時候，有一個警察小組趕到社區的門口。那個行刺的人之後被查出來是一個叫做土培的人，他是普那一個極端印度教組織的成員，他被警衛抓起來，靜靜地被帶出佛堂交給警察，場內的門徒們都感到一陣震驚，但是並沒有恐慌。

在整個攻擊的過程當中，奧修一直都坐在那裏——很鎮定，而且很冷靜，完全不被打擾，事實上，他也使聽衆鎮定下來，他說：「坐下來，請你們繼續坐在你們的位子上……不必擔心……坐好……」然後他繼續演講：

你們有沒有看出這些經典有什麼不同？現在這個可憐的人根本不知道他在做什麼，他是無意識的，他跟他的知覺失去了連繫，他認為他是在保護宗教，到底是宗教在保護你，或者是你在保護宗教？他以「我們的宗教」來思考，好像宗教可以是由一個人的祖先傳下來的財產一樣。宗教從來不是「我的」或「

你的」，宗教支持著我們所有的人。

現在這個人……他不知道他在做什麼，他只是在羞辱他的宗教，並且表現出他的愚蠢和無知，他的宗教並沒有辦法像這樣被拯救，他只是在顯示他的宗教是多麼地無能，他只是在告訴我們說，他們沒有其他東西可以提供，他們並沒有什麼聰明才智可言。

社區的門徒們都被這個事件所觸動，這件事使他們想起蘇格拉底、耶穌、和曼舒耳以及其他很多成道的人都遭到殺害和迫害。奧修基金會的管理人拉克斯米對報紙發表言論：

今天在佛堂裏，印度人對所有本國的偉大神秘家和先知們的刺殺、虐待、和敵意的歷史又重演了，這些就是向佛陀丟石頭或折磨馬哈維亞的人，現在他們想要終止奧修的講話……這些狂熱份子認為他們能夠像在處置甘地一樣來處置奧修，但是整個存在的天意有另外的看法，不管遭受到多大的阻礙，奧修都將會繼續談論真理。

那個刺殺未遂的人被控告，然後被審判，但是被判無罪。

儘管對奧修的生命構成威脅，以及報紙、教士、學者、和政客們有負面的反應，社區的活動還是照常進行，那個「能量圈」還是繼續在成長，社區的安全人員加強了，奧修的健康維持良好，剩下的一九八〇年在平安中渡過。

第七章
寧靜的聖人

一九八一年是社區多事的一年，在年初有一個奧修的門徒成道，三十三歲的男門徒味摩克爾提（Swami Anand Vimalkirti），以前叫做漢諾瓦的威爾福王子，在一九八一年一月九日的晚間成道，而在一九八一年一月十日過世的時候達到究竟涅槃（免於生與死的輪迴），關於這個事件的故事簡短摘要如下。

在一月五日，當味摩克爾提在做晨間運動的時候，他因爲腦溢血而倒下來，他在普那的醫院用人工呼吸被救活，在那裡待了五天，他的母親蘇菲亞公主和他哥哥吉歐格王子從德國趕來看他。

奧修在晨間演講的時候以下列的話語來稱讚味摩克爾提：

味摩克爾提是受到祝福的，他是少數我所選擇的門徒之一，他從來沒有一刻動搖過，當他在此地的這一段期間裡，他的信任是很全然的，他從來不發問，也從來沒有寫過一封信，他從來沒有帶來任何難題。他的信任是那麼地完全，以致於他漸漸地跟我完全融合在一起。他具有一顆稀有的心，那種品質的心已經從地球上消失，他真的是一位王子，他真的是屬於皇室的，他真的是一個貴族！貴族的品質跟出生沒有關係，它跟心的品質有關，依我所經驗到的，他是地球上最稀有、最美的靈魂之一。

奧修希望味摩克爾提繼續使用人工呼吸至少七天，因爲，以奧修的解釋：

他就在邊緣，只要稍微推他一把，他就會變成彼岸的一部分……因此我希望他再繼續待一下子，昨天晚上他做得很好，他從有為跨越到無為……」

奧修同時解釋說，因爲他的靜心品質，味摩克爾提很成功地不跟他的身體認同，因此能夠超越身體而達到意識，奧修繼續說：

你無法跟這樣的一個身體認同：腎臟壞掉了，呼吸停止了，心跳停止了，而且頭腦完全被摧毀。你怎麼能夠跟這樣的一個身體認同？不可能。只要有一點點的警覺，你就能夠跟它分開，這個警覺他有，他已經有成長到那個程度，所以他能夠立刻覺知到：「我不是身體、我不是頭腦、我也不是心。」當你經歷過而超越了這三者，那麼「第四的」就被達成了，一旦它被達成，它就永遠不會喪失。

奧修公開宣佈：

他將不需要再回到身體來，他是在醒悟當中走的，他是在一種具有佛性的狀態下死的……準備好、欣喜、歡舞，在歡舞當中離開！讓他像一個王子一樣地走。他是一個王子，我的每一個門徒都是一個王子，我不相信乞丐，我只相信國王！

奧修以下列的話語來表現出他的快樂：

我對他感到很高興……你們之中有很多人也已經以同樣的方式準備好。我對我的門徒真的感到很高興！我不認為曾經有過一個師父有這麼多這麼棒的門徒。就這方面而言，耶穌就顯得很貧乏，他的門徒之中沒有一個成道，在過去，佛陀在這一方面是最豐富的，但是我決心要挫敗佛陀。

所有味摩克爾提的家人，包括他的太太——女門徒圖莉亞（漢諾瓦的公主維伯凱）、他的女兒——女門徒塔尼亞（漢諾瓦的公主塔尼亞）、他的父親（漢諾瓦的威爾罕姆王子）、母親、和兄弟，都跟著好幾千個門徒一起將他的身體扛到火葬場。當味摩克爾提的身體在喪葬的火堆上被燃燒的時候，每一個人都在慶祝中唱歌跳舞。英國女王伊麗莎白二世、英國的查爾斯王子（味摩克爾提是女王的姪子，也是查爾斯王子的表兄弟）、希臘女皇佛列德里卡、甘地夫人，以及其他很多著名的人都致電弔慰。

慶祝的心情不僅跟以前一樣，在社區裡面繼續著，它還開始散佈到世界上的其他角落。奧修的門徒曾經在普那以外的地方舉辦過的最大慶祝會是一九八一年三月十四到十五日在英國倫敦一家有名的皇家咖啡廳所舉行的，那一次的慶祝會被稱爲「三月大事」，它是在慶祝有越來越多的英國人對奧修和奧修在普那的社區有興趣。超過一千人參加這個兩天的靜心和團體治療課程，參加的人當中有新聞記者和很多其他著名人士。有七個門徒的治療師共同主持這個節目。

隨著這個「三月大事」的壓倒性成功，門徒們繼續策劃在舊金山、雪梨、柏林、和慕尼黑等地舉辦同一類型的慶祝會，這種透過門徒來傳播奧修的訊息和工作正如奧修本身所預見的一樣。他曾經說過，要將這個「佛圈」（由成道師父所創造出來的能量圈）擴展到全世界的時候已經到了。自從他本身達到成道之後，他翻遍了每一個石頭要使成道這個事實讓盡可能多的人可以受益，他到目前爲止所做的一切就足以證明，他宣稱：

我將把你們送到地球上的各個角落，你們將成為我的大使，你們將為我運作，我將透過你們的眼睛來看，我將透過你們的舌頭來講，我將透過你們的手來碰觸，而且我將透過你們的愛來愛。

奧修愛的訊息再度在他的成道二十八週年紀念日——一九八一年三月二十一日傳出，他說：「對那些渴望神性的人來說，我的訊息是：這是一家酒店，而不是一座廟。」他在晨間演講的時候解釋說宗教沒有名字，因爲愛沒有名字：

愛既不是基督教的，也不是印度教、回教、耆那教、或佛教的。如果愛沒有名字，那麼宗教——它是最終的愛——怎麼可能有名字呢？不要要求名字。醉漢並沒有宗教，他只有喝醉，只有喜樂。

在提到社區以及它的組織，他繼續說：

即使是一個酒店也需要一點組織，必須有人來照顧，使那些口渴的人不會再口渴，而那些不口渴的人不許闖入。

沒有人有一絲概念說師父正要顯示一個他工作的新層面。從現在開始，他只要面對那些不要有語言的幫助——處於寧靜之中——也能夠感受到他的人。很多年以來，奧修一直在告訴他的門徒說，真理永遠無法透過文字來表達，他一再重複地說，門徒唯有透過深入的寧靜才能夠跟師父交融：

語言太凡俗了、太不足了、太受限制了，只有一個空的空間和完全的寧靜能夠代表佛陀的本質。因為你無法了解寧靜，所以它必須被翻譯成語言，否則不需要這樣做。

他在一九七八年的時候說：

在了解的最高峯，語言幾乎是沒有意義的，我希望在不久的將來，你們能夠了解我的寧靜，那麼我就可以停止使用語言。

在前面的章節裡，我們曾經提到，在一九七九年六月，奧修生病十天，當時他就解釋了寧靜的意義和重要性。

一九八一年三月二十三日晚間的達顯非常重要，那是奧修最後一次主持達顯，隔天早上的演講也是他最後一次的演講。事情是這樣發生的，在二十四日那一天，社區裡面發現了幾個「水痘」(chicken pox)的個案，他們馬上採取預防措施，那些受到感染的人立刻被隔離，因此晚間的「達顯」就取消了，晨間的演講也取消了。從二十五日開始，在佛堂改做寧靜音樂的靜心。

在三月二十三日的最後一次達顯，奧修談論關於語言的來源，他尤其提到聖經裡面的一段話：「在剛開始的時候是語言，語言跟神在一起，語言就是神。」奧修反應於這段陳述：

我堅決反對這句話！在剛開始的時候是寧靜，在結束的時候也是寧靜，宇宙是由寧靜所做成的。我能夠很確定地這樣說，因為如果一個人進入他自己，他就會來到每一樣東西的起點，因為你包含了起點和終點。

儘管有水痘這一件事，以及「達顯」的取消，和師父在晨間演講的缺席，社區的活動還是繼續順利進行。每一個人都期待奧修在四月十一日出來，那是下一個靜心營要開始的日子，奧修要用英語開始作一系列的演講，然而，在四月十日，女門徒席拉——奧修基金會的理事之一——召集了一個社區各部門負責人的會議，以聊天的方式宣佈說奧修進入了他的工作一個新的和最終的狀態——他進入寧靜。她是最先聽到奧修這個決定的幾個人之一，席拉從奧修那裡聽到這個消息感到很震驚，她說：

但是奧修說不需要感到震驚，他說我們應該都感到很高興，我們應該都慶祝，他叫我在傳達這個訊息給別人的時候要用跟他所感覺到的同樣喜樂的心情來傳達。

這個消息像野火一樣地在社區傳開來，很多人的確都感到很驚訝，但是在幾個小時之內，社區裡面的每一個人都在唱歌跳舞，門徒們很快地就了解到，他們必須進入更深的層面與師父有眞正的交融的時候已經來臨了。

在一次歷史性的宣佈當中，奧修基金會發表談話說，奧修已經開始了他工作最後的階段，他們同時宣佈說奧修要停止用英語和印度語作晨間演講。從一九八一年五月開始，奧修只要透過寧靜來講話，那個寧靜他描述爲「存在的語言」。不用語言的溝通，他會舉行「沙特桑」（Satsang：師父跟門徒的交流），那是一個寧靜的心與心的交流。據說已經有一部分門徒已經準備好在寧靜當中接受奧修，因此奧修只能跟他們有交流，現在門徒們能夠在一個更深的層面與師父作寧靜的心靈交融。「沙特桑」將在每天八點半到九點半之間於佛堂舉行。

那個宣佈還說，晚間的「達顯」也要進入一個新的階段，奧修本身將不會在場，但是女門徒拉克斯米和男門徒替爾沙和我（當拉克斯米不在的時候）將成爲奧修的媒介，在這件事宣佈之後，拉克斯米爲了基金會的事情外出，因此爲印度朋友和門徒所舉行的達顯、祝福、和能量達顯就由我來做，而爲西方朋友和門徒所舉行的就由替爾沙來做。

奧修一向在幾乎每一個主題上面都有革命性和原創的看法，在經過那些驚人的言論之後，他突然宣佈說要進入寧靜，這個決定引起全世界的反應，有些人的確是吃了一驚，有些人是完全不相信或懷疑，然而事實上奧修一直在等待這個片刻，他一直在使門徒準備好來接受這個他的工作最後的階段，他一直在使門徒準備好獨立。他的決定很清楚地顯示說門徒對這個新的層面已經具有足夠的接受性，所以在他們之中有一種喜悅和神秘的感覺。雖然他們有一種深深的感覺說他們將會失去他們的精神食糧——他的聲音和洞見，但是他們並沒有驚慌。事實上，門徒之間有一種感激的感覺，因爲奧修覺得他們値得和他分享最後的寧靜階段。

新的階段使每一個人都有機會來經驗晚間達顯奧修身體上不在，又沒有語言幫助時的能量。就外在而言，他從門徒們那裡退縮回來，但是就內在而言，他與他們進入一種更深的親密。在很久以前，他就曾經指出：

當你們能夠看到這張椅子是空的，這個身體是空的，這個存在是空的，你們就看到了我，你們就接觸到了我，這就是門徒跟師父眞正會面的時刻，這是一種融解、一種消失……水滴溜進了大海，或者大海溜進水滴裡，它是一樣的！——師父消失而進入門徒，門徒消失而進入師父，然後就會充滿很深的寧靜，它不是一個對話。

一九八一年五月一日，奧修以一個「寧靜的聖人」在佛堂與超過六千個門徒和訪客進行他的第一次「沙特桑」，這是他在一九八一年三月二十四日停止每天演講之後的首度露面。那個沙特桑持續了一個小時，那是一個師父跟他的奉獻者之間無言的、心對心的交流。那個沙特桑以頌念一個咒語作爲開始，那個咒語曾經在兩千五百年前當佛陀的弟子圍繞在他的周圍時使用過，那個咒語的內容是：Buddham sharanam gachchami, Sangham sharanam gachchami, Dhamman sharanam gachchami……它的意思是：我來到一個成道者的脚下，我來到一個成道者社區的脚下，我來到一個成道者最終眞理的脚下。在那個咒語被頌念之後，開始奏出柔和的靜心音樂，偶而穿插著寧靜的階段，在這中間有人念出由優婆尼沙經和季伯倫的「先知」一書所節錄下來的片斷，到了最後，那個咒語再被重複念出，接著奧修就退堂。

那個「沙特桑」每天早晨繼續進行，奧修跟門徒們一起靜坐一個小時，味味克會伴隨著他在台上，坐在他的脚邊。奧修解釋沙特桑的意義和目的：

沙特桑就是靠近一個已經跟眞理合而為一的師父，師父什麼事都不會做，

他只是在那裡，隨時可供取用，如果你是敞開的，他就會流進你裡面。

成為寧靜，傾聽寧靜，什麼事都不做，只是進入內在，比所有的表達都來得更深，那就是「沙特桑」。一個人只是跟師父坐在一起，感覺他的「在」，變成他能量圈的一部分，跟他一起呼吸，跟他一起脈動，漸漸地、漸漸地，自我就會自己融解，就好像太陽升起，然後雪就開始融解一樣。

進一步地從各種活動退回來，奧修的寧靜以另外一種方式清楚地表現出他處於安詳、鎮定、和智慧的階段，他已經經歷過前面兩個階段——不活動和活動的階段。在描述這個安詳、鎮定、和智慧的階段時，奧修說：

當活躍的性質平息下來，而安詳、鎮定、和智慧的品質開始出現，所有的行動都融入寧靜。在不活躍的階段，所有的行動都停止，但是那個停止好像一個人要睡覺，在安詳智慧的階段，所有的行動也都融入寧靜，但是那個融入是進入完全的覺知。

不活躍和安詳智慧的性質有一個共同點，它們兩者都以寧靜作爲結束，奧修解釋道。然而：

來自不活躍性質的寧靜是屬於睡覺的，而來自安詳性質的寧靜是屬於寧靜的覺知。

然而奧修的寧靜又多了一個層面——音樂的層面。在解釋音樂和寧靜之間的關係時，奧修說：

音樂就某一個感覺而言是絕對的寧靜。有聲音存在，但是那些聲音只會使那個寧靜加深，它們能夠幫助那個寧靜……噪音只是一些聲音，它們不會引導你到寧靜，音樂是聲音，它會變成進入寧靜之門。

奧修進一步解釋：

一個師父的本質是音樂、詩、和歌的本質，但是它們都引導到寧靜，而真理只能夠在寧靜當中被傳遞。

當門徒們在經驗這個跟他們的師父於愛和喜樂的氣氛之下在一起時很深而且很新的層面時，外在的世界卻變得對奧修和他的門徒以及他的社區有越來越多的敵意和暴力。奧修社區所接到的恐嚇信和電話以驚人的速度在增加。它們包括對奧修生命的威脅，以及對個別門徒生命的威脅。比方說，有人提供二十五萬英磅給一個斯里蘭卡的人，要他協助刺殺奧修。有一個社區的門徒在五月三日收到一封信，上面透露這個消息，信上寫說：「有一個人叫我幫助他刺殺奧修……他說如果我幫助他，他會給我二十五萬英磅，他給我兩個星期的時間考慮……」那個寫信的人同時透露說，那個錢是由一個和尚所提供的，或許是一個耆那教的和尚。信上還說：「他們恨奧修。」

奧修基金會的新聞辦公室在五月十日發佈了一項消息，將這一件駭人聽聞的消息讓媒體知道。在那項發佈的消息裡面提到，那個威脅來自一個叫做「孟買和普那的羅馬天主教徒」團體，那個團體警告說，他們一定會傷害奧修，而且還要用炸彈炸奧修社區。奧修社區收到一項消息，裡面暗示說有一個秘密組織將要發動一個暴力運動來反對奧修社區。我本人在報紙上寫了一篇介紹奧修教導的文章之後，也遭到了指名威脅。

新聞發佈引用奧修基金會理事的話說：

> 這些威脅就是那些無法以任何方式來回答奧修的人在承認他們的失敗。比方說，那些威脅我們的所謂基督徒，他們只是在展現他們基督教理想的破產。他們無法就奧修的話來辯駁，所以他們必須訴諸謀殺和暴力的威脅，他們根本不屬於耶穌基督，事實上，如果耶穌至今仍然活著，他們一定會幫助將他釘死在十字架上。這些話也同樣適用在那些威脅我們的印度教和者那教的狂熱份子，他們都害怕奧修，因為他們知道他在顯露真理。

那些威脅開始被執行。在五月二十七日清晨，奧修的新社區發生了一個火災，二十四小時之後，在五月二十八日，有人縱火燒燬了奧修基金會在普那附近的書庫，有聽到幾個連續的爆炸聲，火勢迅速漫延到書架上的書，火焰在清晨三點鐘開始燃燒，在幾乎同一時間，有一個爆炸的裝置在基金會的醫療中心被引爆，很幸運地，沒有人受傷。

儘管有這些攻擊，晨間跟奧修師父在佛堂的「沙特桑」仍然照常進行。在沙特桑開始之前，超過三千個門徒和訪客聚在一起，舉手抗議和譴責那些暴行。基金會的一個理事，女門徒阿露普發表了一次談話說：

我們唯一的顧慮是奧修，但是不論冒多大的險，他所提供給人類的將會繼續提供，他給世界的訊息非常重要，不能夠被那些狂熱份子所阻止。

門徒們以鎮定的心情來面對那些縱火和敵意的事件，同時他們對師父的信任和奉獻也一直在增加，他們保持在寧靜當中、在祈禱當中、在深愛當中以臣服的心情來接近他。社區的工作和活動並沒有中斷，但是奧修的健康狀況再度開始變差，很清楚地，他必須去西方接受醫療。

所以一九八一年六月一日的沙特桑是最後一次，他向他鍾愛的門徒說再見，當天下午悄悄地離開普那，跟他七年前來的時候一樣地平靜。

有一群門徒伴隨奧修坐上泛美的噴射客機飛往美國，他被帶到紐澤西州蒙特克萊亞的齊德維拉斯奧修靜心中心，在那裡一切都已經安排好可以給他醫療照顧和讓他休息。

偶而奧修會被問及他是否會離開印度，他每一次都回答說不會，他在一九七八年八月三十日的一次演講中解釋他爲什麼不離開印度的原因：

> 我很難離開印度，印度具有某種非常有價值的東西，它對真理有最久和最深的追尋，有很多佛曾經在這些樹下走過這塊地，這塊土地已經變得很神聖，在這裡跟在其他任何地方完全不同，我要帶給你們的東西，在這裡比在其他任

何地方都來得更容易、更可能。

印度已經從它的頂峯沒落下來，它已經不再是它過去的榮耀，它現在是地球上最醜的地方之一，但它仍然是很神聖的，因為曾經有一個佛陀走過，一個馬哈維亞和一個克里虛納，以及無數的其他人……

沒有其他的國家能夠這樣宣稱，耶穌在耶路撒冷非常孤獨，穆罕默德在阿拉伯國家也非常孤獨，老子只有少數的跟隨者——莊子和一些其他的人。他們做得很辛苦想要創造出一些東西，但是印度具有最長的心靈傳統，至少在五千年來，那個追尋一直在加深。

那個水仍然在流。

你們在報紙上所看到的這個印度，我已經離開了，你所知道的印度，我已經離開了，你們曾經看過我走出門外嗎？我生活在我的房間裡，不管這個房間是在這裡，或是在其他任何地方，我就只生活在房間裡，它到處都一樣，我已經離開了這個印度，我不是在顧慮這個你從收音機、電視、或報紙上所知道的印度——充滿政客、偽君子、和自虐的聖雄的印度。我已經離開它了。

但是我無法離開，因為還有一個隱藏的印度，還有一個奧秘的印度，在那裡，佛陀仍然活著；在那裡，你可以比在其他任何地方更容易接觸到馬哈維亞；在那裡，成道者的整個傳統就好像一股暗流，那是我無法離開的。對我來講，沒有問題，我可以離開，我在那裡都一樣，但是對你們來講，它將會不一樣。

然而奧修的確離開了印度，爲什麼呢？或許有一部分的答案在他停止公開演講的一個月之前有被透露出來。有一個問題經常被問到，那就是在奧修離開他的身體之後，他所創造出來的這個「奧修運動」的命運將會如何？針對這個問題，他在他最後一次的英語演講裡有詳細而且清楚的回答，奧修說：

我過著我每一個片刻的生活，我一點都不管將來會發生什麼，它或許對你而言會看起來非常不負責任，因為我對責任的看法跟一般人所謂責任的概念非常不同，我對當下這個片刻負責，我對存在負責——我所說的負責並不是說我對它有什麼責任，而是說我對存在全然反應，自發性地反應，不管那個情況是怎麼樣，我完全跟它進入同一個步調。當我活著的時候，我就活著，當我死了，我就死了，我根本看不出有任何問題。

當我死的那個片刻，整個世界都為我死，然後任何發生的，就發生，我並沒有為整個存在扛這個責任，誰能夠扛這個責任呢？但是有人這樣去嘗試，而他們都完全失敗了。

我不控制任何人——我不是一個政客，我對任何人應該在今天或明天被我控制沒有任何興趣。

當我不在那裡，我能夠做什麼呢？傻瓜就是傻瓜，他們是否崇拜我或崇拜別人並沒有太大的差別，如果他們想要崇拜，他們就會崇拜。

每一個機構都一定會死，只有人是活的，沒有一個機構曾經活過，一個機構怎麼可能是活的呢？就它的本質而言，它就是死的。

就我而言，我對下一個片刻根本沒有興趣，即使我現在正在講的這一句話沒有講完，我也不會作任何努力去把它講完，我甚至不會為它加一個句點，我沒有慾望要去駕馭，但是我不能夠一直告訴人們說：「不要崇拜我。」因為那是創造崇拜的一個方式。

人們總是在誤解，當師父活著的時候，他們不會來找他，因為當師父活著的時候，他們不被允許誤解。唯有當師父已經不在，他們才會來找他，因為一個死的師父可以被控制、被操縱。

首先，我是一個一直前後不一致的人，不可能由我的話語來做出一套教條，任何試圖要從我的話語做出一個信念或教條的人都將會發瘋！你可以從馬哈維亞的話語做出一套教條，他是一個前後非常一致的人，非常合乎邏輯；你可以從佛陀做出一套哲學，他是非常數學化的；你可以從克利虛納姆提做出一套哲學，有五十年的時間，他一直都只是一再一再地在重複同樣的事，你無法在他裡面找到一個矛盾。

對我來講，那是不可能的，我生活在當下這個片刻，任何我現在所說的只是對這個片刻來講是真實的，我不參考我的過去，我也根本不去思考未來，所以我有很多很多的敘述，但它們並不是一個系統的一部分。唯有當一個哲學非常有系統，當它不再有瑕疵，當你找不到錯誤，當所有的懷疑都被解決、所有的問題都被解決，而且對於生活上的每一件事，你都能夠有一個現成的答案，這樣你才能夠做出一個死的機構。

我非常不一致，所以不可能在我的周圍創造出一個死的機構，因為一個死的機構需要一套死的哲學來作為它的內部結構。我不教給你任何教義，我不給你任何原則，相反地，我試著要帶走你一直都攜帶著的所有哲學。我在摧毀你的意識型態、信念、信仰、和教條，而用其他任何東西來代替它們，我的過程是純粹的脫掉制約，我不試圖重新制約你，我使你敞開。

我只是在分享我的洞見和我的喜悅，我喜歡這樣做，任何想要跟我一起享受的人都歡迎。很自然地，當我走了之後，或許有一些傻瓜會試著想要理出一個頭緒來做成一個系統——雖然我一直在做得使這件事變得幾乎不可能。

這些在想說將來會怎麼樣的人就是那些會創造出一個死的機構的人。我的人不可能創造出一個死的機構，那是不可能的。那些曾經跟我交融過的人至少絕對會學習到一件事：生命無法被侷限在機構裡；一旦你試著將它侷限在機構裡，你就摧毀了它，所以，當我還活著，他們會慶祝，當我過世之後，他們也還是會慶祝。他們將會慶祝我的生命，他們也將會慶祝我的死亡，他們將會保持活生生的。

我在為我的人作準備，使他們能夠過著一個很快樂、很狂喜的生活，好讓我不在這裡的時候，事情對他們來講不會有任何不同。他們將會以同樣的方式繼續生活，或許我的死亡將會帶給他們更大的強度。

我不會留下任何東西給任何人，我自己宣稱我自己為神，為什麼我要將它留給任何人來宣稱？我知道我是受到祝福的人，只有我能夠知道，別人怎麼能夠知道？我試圖引誘我的人來了解這個無限性：他們也是「受到祝福的人」。不可能再神化我，因為我已經這樣做了！你們還有什麼可以做的呢？我不依靠任何人。

很明顯地，奧修並不侷限在任何界線裡，他不被侷限在一個特定的國家或一個特定的州，他顧慮到整個人類，他在美國或是在世界上的其他任何一個地方都能夠像他在印度一樣，給予啓示和祝福。

美國的媒體已經有廣泛的報導說奧修基金會最近在奧勒岡州的安特洛普（Antelope）購買了一塊六萬四千英畝（約七千七百萬坪）的土地，這個地方或許可以成爲奧修實現他的洞見的地方：

新的社區將會是大規模的……門徒們以一個身體和一個存在生活在一起。每一個人都會使用，每一個人都會享受，但是不會有人佔有任何東西，每一個人都將會盡可能舒服而且富裕地生活，但是沒有人會佔有任何東西。在新的社區裡，不僅東西不會被佔有，人也不會被佔有。如果你愛一個女人，跟她生活在一起——出自純粹的愛，出自純粹的喜悅——但是不要變成她的先生，你不能這樣做，也不要變成一個太太。變成一個太太或一個先生是醜陋的，因為它帶來所有權，那麼對方就被貶為財產。

新的社區將會是不佔有的，充滿愛——生活在愛裡面，但是完全沒有佔有，分享各種喜悅，將各種喜悅放在一起……

在我的社區裡，佛陀將會歡笑和歡舞，基督將會歡笑和歡舞。可憐的人，到目前為止都沒有人允許他們這樣做！對他們要慈悲，讓他們跳舞、唱歌、和遊戲。

我的新社區將會把工作蛻變成遊戲，它將會把生命蛻變成愛和歡笑。再度記住這個格言：使地球神聖化，使每一樣東西都變成神聖的，將平常的和世俗的東西蛻變成不尋常的、靈性的東西。整個生命必須成為你的廟，工作必須成為你的崇拜，愛必須成為你的祈禱。

這個身體就是神，這個地球就是蓮花樂園。

結語

在過去的十年裡，有很多反文化的、個人成長的、和新基督教的運動（主要是納入東方的神秘主義）在西方出現。它們有時候被稱爲「玄學運動」。有人說，這種西方人涉入反文化類型的團體基本上是一種暫時的現象，可以歸因於某些人仍懷有青少年的探索傾向，然而爲什麼會有這種涉入的另外一個理由可能是因爲一般的文化倫理已經無法提供給年輕人一些可行的其他選擇，而這些由反文化運動所提供的其他答案卻對他們有很大的吸引力。

另外有人說，那些追求不同意識狀態的人大部分是跟社會疏離的，他們可能是在他們個人的社會生活遭受到相當的挫折。然而，據觀察家指出，那些涉入這些新運動的人，他們是在從事一項創造性的努力，想要來解決「雙重意識」，換句話說，他們試圖要去解決由社會所指定的認同和經由他們客觀的了解或由他們自己所感知到的主觀認同之間的差異，那些人進一步強調說，當西方社會瀰漫著無意義的感覺時，當傳統的宗教系統無法對現存的問題提供任何心理上或心靈上的解決時，這些新團體的出現代表了社會改變一個很重要的力量。

奧修對西方以及它的問題的觀察和評估有更深的洞見，他並不停留在只是診斷問題，他同時提供一個洞見來將西方以及全世界提升到一個更高層面的存在。他對目前情況的觀察是：「或者西方將會透過核子戰爭來自殺——他們正在準備，或者將會有一個心靈的醒悟……在人類歷史上最偉大的心靈醒悟。」

奧修對於在過去大約一百年裡面盛行於西方的存在主義哲學以一個批判的眼光來看。比方說在提到沙特的時候，奧修說，他並沒有忠於他的哲學，他只是在談論像勇氣、眞誠、和眞實這一類的東西，但是他並沒有將它應用在日常生活上。如果生命必須是如此地充滿痛苦，那麼一個人一定會自殺或是去改變他的人生，繼續保持痛苦，而且繼續將這樣的存在合理化有什麼意思？「似乎，」奧修說：「這個絕望、身心的極度痛苦、和無意義也只是語言上或邏輯上的，而不是存在性的。」奧修以下列的話語來表達他對存在主義的看法：

我的感覺是：西方的存在主義並不是真正的存在主義，它一樣也是一種哲學。成為存在主義意味著它必須是一個感覺，而不是一個思想。沙特或許是一個偉大的思想家，他的確是，但是他並沒有去感覺那個東西，他並沒有去經驗它。如果你生活在絕望當中，你一定必須想辦法改變，那個情況一定很迫切，必須立刻做，蛻變一定會成為你唯一的顧慮。

在以佛陀的生平來說明的時候，奧修區別東西方對於眞實存在看法的不同，藉此來突顯存在主義裡面所缺少的要素。奧修在描述佛陀的故事時說：

他看到一個老年人，他了解到年輕只是一個過渡階段、一個短暫的現象，就好像海洋中的一個波浪，升起然後降落，不是永久的，也不是永恆的，就好像一個夢或一個泡沫，隨時都會破滅，然後他看到一個死人被擡走，在西方，故事一定會在這裡就停止——老人和死人已經是最後的了。但是在印度的故事裡，在看過死人之後，他看到一個門徒——那是一個門。他問司機說：「這個人是誰，他為什麼穿橘紅色衣服？他到底怎麼了？他是那一種人？」那個司機說：「這個人也是了解到生命引導到死亡，因此他在找尋一種不朽的生命。」

這就是當時的環境：生命並不以死亡作為結束。佛陀的故事顯示出，在看過死亡之後，當你覺得生命沒有意義，突然間有一個新的層面升起，一個新的洞見——門徒：貫穿生命深層奧秘的努力，深入有形而達到無形的努力，穿透物質穿透得很深，以致於物質消失，而你來到了基本的真相——心靈能量的真相或梵天。對沙特、卡謬、和海德格來講，那個故事在死人就結束了，門徒的部分不見了，那是一個失去的環扣。

奧修顯示了那個環扣，他提供了那個環扣，「門徒」或「新門徒」是他給我們的禮物，它能夠滿足那個需要，尤其是對西方人來講。以奧修的觀點，現在門徒必須在西方出現。一個根植於西方，一個已經經驗到人生的無意義，以及經驗到由物質主義哲學所帶來的挫折和完全絕望的人必須走入門徒。「我的整個興趣，」奧修宣稱：

在於使盡可能多的西方人成為門徒，把他們送回家。有很多沙特在那裡等著，他們已經看到了死亡，他們在等著要看橘紅色的袍。隨著橘紅色的袍，狂喜就會隨之而來。

一個人或許會問：奧修是怎麼讀出西方人的頭腦的？他是怎麼感覺到他們的脈動的？爲了要去發現這些問題的答案，我們將必須深入了解奧修和西方追求者接觸的本質和層面。

很清楚地，除了超大量的閱讀（根據奧修的圖書館管理員所言，他每星期大約可以讀一百本書）可以使他了解世界的動態之外，他跟千千萬萬個西方人的直接接觸也使他能夠很密切地研究西方人和西方人的頭腦，因此，它不僅僅是一個追求者和一個先知之間的接觸，或是一個師父和一個門徒之間的接觸，遠超過於此的，它是一個東方和西方的會合或結合。

雖然在西方有越來越多的人對東方神秘主義有興趣，以及在東方本身再度給神秘主義賦予活力，這些都對「意識的進化」有貢獻，然而最近在西方所發生的心靈或橘紅色爆發已經產生出一個新的意識，那個意識既不是靈性的，也不是物質的，而是兩者的綜合，奧修是這個新誕生的接生婆，他已經變成一個很強的連接環，一個使東方和西方連接的橋樑。在找尋一個能夠聯合整個人類、能夠吸收各種不同的靈性系統和協調各種宗教傳統，而不要拒絕這個世界和這個世俗生活的人，會發現奧修是一個能夠做到這些的人——事實上他已經在做了。他宣稱：「我要帶來東方和西方的結合、科學和宗教的結合、理智和直覺的結合、男性頭腦和女性頭腦的結合、頭腦和心的結合、右邊和左邊的結合，我同時嘗盡一切可能的方式要創造出一個偉大的和諧，因爲只有那個和諧能夠拯救。」

爲了要解決各種不同的宗教之間的衝突，歷史上曾經有一些人試著要創造出一個宗教，但是問題並不在於只有一個宗教或是只遵循一個宗教，西方人的探詢所顧慮到的是要找到一個人，一個成道的人、一個活的泉源，他能夠幫助很多人接觸到他們自己的宗教意識，他能夠顯示出一種整合的宗教意識。治療團體和在奧修的引導之下所訓練出來的治療師變成西方追求者的媒介。治療團體和治療師帶領他們來接近奧修，給他們一個機會去看、去碰觸、和去感覺說成道是像怎麼樣，成爲具有宗教性的，但是不必一定遵循某一個特定的宗教是什麼意思。自從耶穌以來第一次，西方人變得覺知到，而且能夠確定耶穌的「在」。

在奧修之前有很多師父，包括戈齊福，都曾經下功夫來整合不同的靈性系統，他們也是吸引來自不同道上的追求者來一起在愛和和諧的氣氛之中下功夫，但是比方說戈齊福，他並沒有成功，他的努力並沒有結果，他的學派解體了，因爲很難協調不同的靈性系統而創造出一個有凝聚力的團體。戈齊福本身是一個佛，但是時間尚未成熟，使他無法給他的洞見一個具體的形狀，這一點可以從過去大約五十年裡面戈齊福團體的變化看得出來，戈齊福本身也感覺到自己工作的不完整。

對奧修來講，那些已經由戈齊福和其他師父所做的工作都非常有用，它提供他一個很好的背景，他們已經先把泥土準備好。大多數從西方來找奧修的人在心理上都已經能夠接受他，他們都已經準備好了，他們都已經準備克服因爲缺乏一個活的師父的引導而存在於他們裡面的弱點，他們在找尋一個不僅能夠了解他們的頭腦，同時能夠知道怎麼樣跟他們一起下功夫來創造一個經過整合的人生洞見的人。

奧修對人類頭腦和心靈的研究使他成爲一個他稱之爲「第三心理學」或「佛陀心理學」的先驅。佛洛依德、容格、和阿德勒，以及其他的心理學家產生出第一類型的心理學，那是病態頭腦的心理學；馬斯洛、佛洛姆、賈諾瓦和其他人比較集中在健康頭腦的成長，他們的方式是完整而健康的，他們產生出第二類型的心理學——人本主義心理學。第三類型的心理學從來沒有存在過，奧修說。諸佛們已經超越了病態和健康的頭腦，他們是「沒有頭腦」，他們曾經存在過，但是他們之中除了戈齊福之外沒有一個曾經試圖要對成道的頭腦作科學研究，奧修指出：

戈齊福是在整個人類歷史上第一個去嘗試的，就這方面而言，戈齊福是很稀有的，因為他是進入第三個可能性的先驅……

但是戈齊福靠他以一種科學的方式來傳達他的洞見這個人——奧斯盤斯基（P.D. Ouspensky），在中途離開他，奧修繼續說：

戈齊福試了又試，他試著要去找別人，他跟很多人一起工作過，但是他找不到一個像奧斯盤斯基這麼有能力的人。奧斯盤斯基的成長停止了，戈齊福對第三心理學的工作也就停止了。

有鑒於戈齊福所面對的困難，奧修自己擔任兩個角色，他解釋他在創造第三心理學這項工作的本質：

我再度試著在第三層面上下功夫，我沒有去冒戈齊福所冒的險，我不依靠任何人，我是戈齊福加上奧斯盤斯基。生活在兩個不同的層面是一件困難的事，它非常困難，但是不管怎麼說，它是好的，因為沒有人能夠出賣我或停止我的工作——沒有人能夠。所以我一直在移動，在沒有頭腦的世界裡，以及在書和分析的世界裡……我一直在兩個層面上工作，這個努力很可能成功。

因此奧修一直用東方和西方的心理在作研究和實驗，但是他在西方的心理上所做的工作尤其重要。外向的、塵世的、享樂主義的、和科學指向的心理，那些重視「如何做」的人的心理，和那些重視方法和系統的人的心理——所有這些西方人心理的特性他都很熟悉。他很敏銳地觀察西方心理的各種呈現，而且以他自己的方式看到在它上面下功夫的可能性。

然而奧修跟西方人接觸的另外一個層面可以透過一個歷史的觀點來看。西方的新生活在一方面看到了富裕的生活，而在另外一方面看到在越南的難以置信的死亡和摧毀，他們一直在找尋他們生命的新意義，他們一直在找尋一個新的答案和一個新的眞實存在——雖然他們要找的一定不是烏托邦式的。他們想學習如何在完全接受的心情下生活，如何很眞實地生活在此時此地。有很多這個新生代的人，他們通常被認爲是「嬉皮」或「花的小孩」（flower children：嬉皮的另外一種稱呼），他們有一種方向感，但是他們並沒有所需要的引導。他們的追尋將他們帶到東方來，他們是第一批跟奧修接觸的人。跟奧修接觸的第一批人並不是學者、老練的人、或是所謂的高雅人士。在最早期的接觸當中，只有流浪漢來，只有叛逆者、反動份子、激進份子、和所有那些想要爲他們受制約的生活方式找尋另一個選擇的人來找奧修。

所以這些「瘋狂的人」——奧修稱他們爲「我的人」——就是第一批跟奧修接觸並愛上他的人。奧修無條件地接受他們，並且愛他們，沒有一個例外。他們從奧修那裡接受到一些最初的能量，然後回到他們自己的國家，開始散佈關於奧修的消息。他們向一些類似他們的人保證說有一個人能夠將他們帶出他們的悲慘、痛苦、和挫折。在一方面，這些早期的西方人扮演了將奧修的訊息傳給別人的角色；在另一方面，他們也將一些消息和回饋帶回來給奧修。他們提供給他發生在西方的社會和心理領域的第一手了解。繼這些「嬉皮」、「花的小孩」、和「中途退出社會或學校的人」完成最初的工作之後，那些受較高等教育、更精煉、更老練的人才開始被吸引到奧修這裡。知識份子、學者、和理性主義者必須花上幾年的時間才能夠了解到說有人不是回答他們的問題，而是能夠使他們的看法產生一個徹底的改變，以致於那個問題消失了或蒸發了，然後他們就覺得深深地放鬆，那種感覺幾乎是狂喜的。

情況是：神秘家和知識份子構成一個連續的兩端——中間包含那未加精煉的、叛逆的、和中途退出的。奧修的神秘家能量首先碰觸到中間的這一類，這些處於中間的人是橋樑，這些在中間的人鋪出了一條路，因爲那些精煉的、理智的人不會聽神秘家的話，因爲他總是很荒謬、不理性、前後不一致，而且超出邏輯，因此只有那些具有接受性的未加精煉的年輕能量，那些還攜帶著某種天眞的人，能夠成爲奧修的橋樑來接觸那些守成持舊的守護者。

因此在奧修周圍所發生的運動並不是在偶然之間開始的，而是一個完整的、有系統的、有韻律的過程的產物，那個過程已經有一段長時間的成長。他想要讓每一個人都有機會接觸到佛性的這個洞見需要一個更深而且更微妙的過程，需要一個已經產生出新人的過程。在他停留在普那的那幾年裡，他的工作和運動有了相當的進展，那些被他點化和受到他幫助的人已經有足夠的數目而能夠在西方進行一個更深、更廣的過程。

一個人或許會問，東西方如何透過奧修而接觸，以及在奧修周圍所產生的運動跟以前東西方的會合有什麼不同？最重要的不同是：在過去，尤其是在十九世紀，甚至在這個世紀也一樣，來到印度的人是透過二分法來看印度，認爲「東方是東方，西方是西方」。這種看法多多少少是基於偏見和無知，他們不了解存在於東西方兩個不同的社會和文化模式之下的共通性，同樣地，那些從印度去到西方的人，他們對它也不了解，他們只是想把靈性的訊息從印度帶到西方，他們所持的觀念過分通則化，而且是二分性的，他們認爲西方跟東方非常不同，他們認爲西方都是物質主義的，而東方都是靈性主義的。

奧修證明他本身是一個實際主義者，他沒有一個分裂的看法，事實上他對任何事情都沒有分裂的看法，他接受每一樣東西：靈魂和身體；物質和精神；愛和靜心；東方和西方，他看整個人類都乘同一條船，他對西方的了解跟對東方的了解一樣透徹，他比馬哈維亞、佛陀、耶穌、穆罕默德、或任何其他的靈性導師都更了解這個世界，他處於一個科技發達的時代，他能夠透過一個更精煉的資訊系統來看世界，並對世界的情況作反應。他對人類意識成長的貢獻並不是局部的，而是全球性的。

最後，斯里阿魯賓多有一次寫信給他一個寫自傳的門徒說：「不管是你或其他任何人都根本不知道我的人生，它並不是在表面上讓人可以看到的。」奧修表達了類似的看法。我一點都不猶豫地承認，雖然我寫了這個故事，我對奧修還是不知道，因爲他不只是一個人，他是一個非凡的特殊人物。

有很多來自東方和來自西方的人試著要經驗奧修，要來接受他的教導，然後將他的教導介紹給別人，底下有兩則對奧修的看法可以簡要說明在這一方面的努力，第一則是由柏那支多列敏所寫的，刊載在倫敦的一個時報，他寫出拜訪普那社區的經驗：

如果他是神的話，他是一個非常不被神化的神，在他的演講當中完全沒有這樣的暗示，只有一個強而有力的感覺說他是一個導管，沿著這個導管，宇宙的生命力可以流動。當我問說：你認為奧修是怎樣的一個人？有一個住在社區裡面的人給我一個印象很深的回答：一個提醒者。

在我離開的時候，我對這個人——神或是導管或是提醒者——以及他周圍的人留下很深的印象，我被他們感動、被他們吸引。

印度一家發行量頗大的英語週刊編輯卡馬斯有下列的評語：

以前從來沒有像他這樣的人存在過，一個人可以批評奧修，但是不可能忽視他……就好像美國詩人惠特曼一樣，奧修是一個反對崇拜偶像的人、一個特立獨行的人、一個憎惡偽善、迷信、諂上傲下、和「我比你更神聖」的觀念的人，他喜愛人生裡面美好的事情。他會將目的和哲學作最佳的描述，然後用直接從「花花公子」或「閣樓」雜誌所摘錄下來的最駭人聽聞的笑話和故事來作補充說明。你不可能把這個人分成好幾個部分，他似乎不是一個人，而是很多個人。

……奧修是摩西、惠特曼、佛陀、耶穌基督、和拉瑪那瑪赫西，集所有這些人於一身。每一個人都具有那些人品質的一點點，但奧修似乎比我們都更具有那些人的品質……

……試圖要來定義這個人是無稽的，他質疑所有的定義，他的技巧是要將每一件事都倒轉過來，然後使你從那個有利的點來看世界，他是一個會打擾你的人，因為他使你質問你所有原則的正確性……

……莎士比亞說：「將他全部吸收，我將不再只看他的一部分。」對奧修你只能全部吸收或是根本不理會，奧修不給你其他的選擇。

附錄一　年代紀

一九三一至一九五三　早年

一九三一年十二月十一日：奧修生於古其瓦拉，那是印度中部馬德亞・普拉謀西州的一個小鄉村。

他是一個耆那教布商十一個小孩裡面的老大，他早年是一個獨立和叛逆的小孩，質疑所有社會、宗教、和哲學的信念。當他年輕的時候，他試驗了很多種靜心技巧。

一九五三年三月二十一日：奧修在二十一歲時成道，當時他還在就讀傑波普的耆那教學院，主修哲學。

在東方，成道（enlightenment）被描述爲一種最終和完全的意識或覺知。佛陀、蘇格拉底、和其他諸佛都達到了這樣的狀態。

一九五三至一九五六　教育

一九五六：奧修取得沙加大學的碩士學位（Master of Art），並獲得哲學第一等榮譽。

他是全印度的辯論冠軍和他畢業班的金牌得主。

一九五七至一九六八　大學教授和公開演講者

一九五七：奥修被指派爲萊波梵文學院的教授。

一九五八：他被指派爲傑波普大學的哲學系教授，他在那裡執教到一九六六年。

他是一個強而有力而且熱情的辯論者，他同時在印度到處旅行，對廣大的群衆演講，在公開辯論當中挑戰正統的宗教領袖。

一九六六：在教了九年書之後，他離開了大學而完全獻身於提升人類的意識。他定期在印度各大城市對每次兩萬到五萬人演講。他每年舉辦四次爲期十天強烈的靜心營。

一九七〇年四月十四日，他首度介紹他革命性的靜心技巧——「動態靜心」，這個靜心技巧被全世界的心理治療師、醫生、老師、和其他行業的人廣泛地使用。

一九六九至一九七四 孟買的日子

一九六〇年末，他的印度語演講加上了英文翻譯。

一九七〇：一九七〇年七月，他搬到孟買，在那裡住到一九七四年。

一九七〇：奧修——當時的名字還是巴關·斯里·羅傑尼希——開始點化追求者成爲門徒，這是承諾要自我探詢和靜心的一個途徑，並不涉及棄俗或其他任何東西。奧修對棄俗的了解跟東方傳統的觀點非常不同。對他來講，需要拋棄的並不是物質世界，而是我們的過去、我們的制約、和我們的信念系統—

—這些東西由一個世代強加到下一個世代。他繼續在拉加斯坦的阿姆山主持靜心營，但是停止接受邀請到全國各地去演講，他奉獻他全部的能量給在他的周圍迅速發展起來的門徒團體。

在這個時候，第一批的西方人開始到達而被點化成「新門徒」。在這些第一批的西方人當中有一些歐洲和美國的潛能運動下的心理治療師，他們在追求他們自己內在成長的下一步。跟奧修在一起，他們可以經驗到適合現代人新的原創靜心技巧，那是結合東方的智慧和西方的科學所創造出來的。

一九七四至一九八一　普那社區

在這七年裡，他幾乎每天早上都演講九十分鐘，隔月以印度語和英語交叉使用。他的演講在所有主要的靈修途徑上提供了很多洞見，它的範圍包括瑜伽、禪、道、密宗譚崔、和蘇非宗派，他同時也談論佛陀、耶穌、老子、和其他的神秘家。這些演講被搜集成超過三百本的書，這些書被翻譯成二十多種不同的語言。

在這幾年裡面，他在晚間都回答一些私人的問題，比方說像愛、嫉妬、和靜心等問題。這些「達顯」被編輯成六十四本達顯日記，其中有四十本已經出版。

在這個時期於奧修周圍所發展出來的社區提供了很多治療團體，它結合了東方的靜心技巧和西方的心理治療，世界各地的治療師都被吸引過來，到了一九八〇年，這個國際社區獲得了「世界上最好的成長和治療中心」的美譽。每年大約有十萬人來參加這些團體。

一九八一：他的背部有退化性的生病狀態。在一九八一年，在每天演講將近十五年之後，奧修自己決定停止公開演講三年。鑒於可能需要作緊急手術，以及他私人醫生團的建議，他就移居美國。

同年，他的美國門徒在奧勒岡州買下一塊六萬四千英畝的土地，邀他去拜訪，他終於同意停留在美國，同時允許門徒幫他申請永久居留。

一九八一至一九八五　羅傑尼西普南（奧修在美國的社區）

一個模範的農業社區從奧勒岡州中部一塊不毛之地產生出來，那是一個沙漠型氣候的高地，有好幾千英畝過度放牧、不具經濟價值的土地被恢復了，羅傑尼希普南市被組織起來，使得五千個居民可以住在那邊。

每年所舉辦的夏日慶祝會吸引了來自世界各地的一萬五千名訪客，很快地，羅傑尼希普南就變成曾經在美國被開拓的最大的，而且最具爭議性的靈修社區。

對這個新社區或新城市的反對跟它的成功是同步升高的，反對異教的熱忱在雷根總統的時代充斥著美國社會的各個階層，因此地方的、各州的、和聯邦的政客們就發表煽動性的演說來反對奧修的門徒。美國移民局、聯邦調查局、財務部、煙酒和輕武器管制單位、及其他單位，他們花了大把人民的鈔票，卻無端地侵擾和調查這個社區，類似的一些花錢的運動也在奧勒岡州舉行。

一九八四年十月：奧修打破了自願的三年半的沈默而開始在他的住處對一小群人演講。

一九八五年六月：他恢復了他每天早上的公開演講，面對好幾千個追求者，聚集在一個兩英畝大的靜心堂演講。

一九八五年秋天：奧勒岡社區被摧毀

九月十四日：奧修的私人秘書和一些社區的管理人突然離開，他們所犯下的不法行爲——包括下毒、縱火、竊聽、和企圖謀殺等——被暴露出來。

奧修請來官員調查席拉的罪行，然而政府當局認爲此次的調查是完全摧毀這個社區一個大好的機會。

十月二十三日：一個波特蘭（奧勒岡州的首府）的美國聯邦大陪審團秘密地以較次要的移民詐欺罪起訴奧修和七個他身邊的人。

十月二十八日：在沒有搜捕令的情況下，聯邦和當地的官員在北卡羅萊那州的查洛鐵武裝逮捕了奧修和其他人，後來其他人被釋放了，但是奧修卻被監禁了十二天，不准交保。本來回到奧勒岡州只要五個小時，卻花了那些官員四天的時間。在途中，奧修被監視完全不准與外界連絡，並且被強迫在奧克拉荷馬一個郡的監獄裡以一個假的名字大衛華盛頓辦理登記。接下來的事件指出，很可能他在那個監獄和愛爾雷諾州立感化院時被用一種叫做「鉈」的重金屬下了毒。

十一月：奧修的移民個案成爲群衆的話題，他們的情緒高漲，爲了怕在多變的奧勒岡州會危及奧修的生命和門徒們的幸福，奧修的律師團同意請願，承認三十五項不利於奧修的控告中的兩項。按照請願的規則，被告可以保持清白，但是同時聲明說那個告發本來可以判他的罪。奧修和他的律師團在法庭上保住了他的清白，但是他被罰款四十萬美元且被美國驅逐出境。

有一些人，尤其是波特蘭的美國政府律師公開承認說美國政府有意摧毀羅傑尼希普南。

一九八五至一九八六 世界旅行

一九八五年十二月：印度政府企圖孤立他，政府官員取消了發給他私人幾個管家的簽證。

一月至二月：他旅行到尼泊爾的加德滿都，有兩個月的時間，每天演講兩次，在二月份，尼泊爾政府不發簽證給他的訪客和他的隨從，因此他就離開尼泊爾而開始作世界旅行。

二月至三月：在他的第一站，希臘，他拿到了三十天的觀光簽證，但是只待了十八天，在三月五日那一天，希臘的警察就強行進入他的住處，拿著槍逮捕他，然後將他驅逐出境，希臘的媒體報導顯示說政府和教會的壓力驅使警方加以干涉。

在接下來的兩個星期之內，他訪問和要求進入十七個歐美的國家，所有這些國家不是拒絕他的簽證就是在他到達的時候取消他的簽證，強迫他離開，有一些國家甚至拒絕他的飛機降落。

三月至六月：在三月十九日，他到達烏拉圭，在五月十四日，烏拉圭政府已經準備要召開一個記者招待會來宣佈說他可以永久居留在烏拉圭。烏拉圭總統三圭那提後來承認說在那個記者招待會的前夕，他接到來自美國華盛頓的一通電話，他被告知，如果他允許奧修留在烏拉圭，他欠美國的六百萬美元將被視爲立刻到期，而且以後不批准任何貸款，因此奧修在六月十八日被吩咐離開烏拉圭。

六月至七月：接下來的那一個月，他在牙買加和葡萄牙都被驅逐出境，總共加起來有二十一個國家拒絕他入境，或是在他到達之後將他驅逐出境。在一九八六年七月二十九日，他回到印度孟買。

一九八七至一九八九　奧修國際社區

一九八七年一月：他回到印度的普那社區，那個社區重新被命名爲「羅傑尼希達姆」(Rajneeshdham)。印度政府恢復它的措施，拒絕簽證給已知的奧修的朋友。

一九八八年七月：十四年以來的第一次，在每一個晚間的演講之後，奧修親自帶靜心，他同時介紹一個革命性的新的靜心技巧叫做「神秘玫瑰」。

一九八九年一月至二月：他停止使用「巴關」這個名字，只保留「羅傑尼希」，然而他的門徒要求要叫他「奧修」，他接受這個稱呼。奧修解釋說，他的名字是由美國心理學家威廉詹姆斯的「如海洋般的」(oceanic)這個字演變而來的，它意味著融入海洋。他說：「如海洋般的」是在描述那個經驗，但是那個經驗者怎麼樣呢？因此我們使用「奧修」(Osho)這個字，後來他發現說「奧修」這個字在遠東的歷史上就曾經被使用過，它的意思是「受到祝福的人，天空在他身上灑下很多花朵」。

一九八九年三月至六月：為了恢復被下毒的身體，奧修在休息，那個毒現在強烈地影響到他的健康。

一九八九年七月：他的健康狀態變好了，在慶典期間，他出現在寧靜的達顯兩次。現在的慶典稱為「奧修滿月慶祝會」。

一九八九年八月：奧修開始每天出現在佛堂作夜間「達顯」，他靜靜地坐著，有音樂在演奏，他是在解釋說：「那個不能夠被說出來的必須被經驗，這是進入內在靜心的空間一個很棒的經驗。」他同時開創了一個特別的穿白袍的門徒團體，稱之為「奧修白袍兄弟」，不管是門徒或非門徒，在參加晚間達顯的時候都要穿白袍。奧修說過：「在這些袍裡面有一種神秘的能量聚集，它們能夠一天比一天聚集更多的潛力。」

在每個月的第二個周末舉辦三天的靜心營，使用奧修所設計的特殊靜心技巧，所有參加的人都必須穿著暗紅色（maroon）的袍。接下來，奧修建議那些在社區裡面工作的人必須穿暗紅色的袍，所以在白天的時候，整個社區都充滿著穿暗紅袍的人，而在晚上的時候，都是穿白袍的人。

一九八九年九月：奧修放棄「羅傑尼希」這個名字，意味著他不是跟過去連續的，他只是以「奧修」爲人所知，而社區就重新易名爲「奧修國際社區」。

一九九〇年 奧修離開他的身體

一九九〇年一月：在一月份的第二個星期，奧修的身體明顯地變弱；在一月十八日，他的身體變得非常弱而無法來到佛堂；在一月十九日，他的脈膊變得不正常，他的醫生問說要不要準備心臟復活，奧修說：「不，讓我走，由存在來決定時間。」他在下午五點離開他的身體。在七點的時候，他的身體被帶到佛堂慶祝，然後被帶到火葬場焚化。兩天之後，他的骨灰被帶到社區，設置在莊子屋他的三摩地。接下來的那些日子裡，有好幾千個門徒和愛他的人從世界各地飛來慶祝和吸收那個愛和靜心的氣氛，那是奧修的芬芳。

就在奧修離開他的身體之前，他說：「永遠不要以過去式來談論我，在沒有我這個受折磨的身體重擔的情況下，我在此地的『在』將會比現在大好幾倍，提醒我的人說，他們將會感覺更多，他們立刻就會知道。」奧修同時談論到他想要他的工作繼續拓展，他說既然現在他離開了他的身體，就有更多的人會來，更多人的興趣會顯示出來，他的工作將會擴展到超出我們的想像，然後他說：「我把我的夢留給你們。」（全文完）

舊書換新書

凡是持有「奧修心靈系列」或武陵、妙倫等出版社所出版的奧修大師著作舊書的讀者，您只要再花50%的書價，劃撥到12463820　林國陽帳戶，並將舊書寄回台北市臨沂街33巷4號2F　奧修出版社收，本社即將「同樣的」一本或數本新書寄給您（限台灣地區）。

由於有些新版書有改版或訂正，或是讀者已經把書看得太舊了，想換一本新的，故舉辦此活動協助長期讀者汰舊換新。

另外，原「女性解放新觀點」一書已改成「女人與婚姻」，增加了八十幾頁奧修談女人、婚姻、與兩性關係的篇幅，刪掉四十幾頁較不重要的部份。原「吠檀多」上、下册，改書名爲「成道之路」，內容不變。

奥修大師在台連絡地址

1 奥修資料中心
台北市臨沂街33巷4號二樓
電話：(02)395-1891；連絡人：謙達那(譯者)
傳眞：(02)396-2700
郵撥帳號：12463820；帳户名稱：林國陽
流通項目：原文書、中文書、錄音帶(音樂帶、
演講帶)、錄影帶、照片、CD

2 奥修台北靜心中心
三重市重新路五段609巷12號之5，9樓
(湯城園區)（靜心活動爲主)
交通：聯營235，指南1，3，9味全工廠站下車
電話：(02)999-4700；連絡人：簡尚婷
(02)553-3345；連絡人：維德拉
傳眞：(02)553-0607
每週三晚上七～九點有靜心活動
每兩個月有奥修新訊歡迎索閱

3 新竹縣湖口鄉民族街41號
電話：(035)992-977；連絡人：黃廷釗

4 奥修屋
竹北市華興街136號5F之2
電話：(035)551-491；連絡人：潘福緣(卡瑪爾)

5 台中市南區仁和路258號2F
電話：(04)280-5866；連絡人：巫秀卿(帕娃妮)
呼叫器：060-609214

奥修大師在台連絡地址

6 奥修台中靜心中心
台中市大敦17街129號2F
電話：(04)321-7106；連絡人：桑凱特

7 蘇克拉奥修靜心中心
台中市美村路一段462號B1
電話：(04)372-3095；連絡人：瑪格亞

8 台南聯絡中心
台南市衛國街56號（神祕玫瑰）
台南市衛國街112巷17-2號
電話：(06)236-5641；連絡人：張誠芳

9 奥修舒布克靜心中心
高雄市中正三路98號4F之1
電話：(07)251-1006；連絡人：山帝仕

10 巴克提奥修靜心中心
高雄市凹仔底至聖路235號3F之2
電話：(07)341-6265；連絡人：歐文光
巴克提國際文教靜心中心
高雄市中正一路255號11F（王象中正大樓）
電話：(07)725-1077；連絡人：歐文光

上述地址的提供只是爲方便讀者取得有關奥修大師的資料和做靜心。

奧修世界的音樂

一、音樂欣賞帶（每卷150元）

1 Open Window
（敞開的窗子—柔和及靜心的音樂）

2 Moment to Moment
（一個片刻接著一個片刻—欣賞音樂）

3 Five Fingers（五根手指—柔和音樂）

4 Sambodhi Music
（三菩提音樂—略爲高昂的音樂）

5 Basho's Pond
（巴休的池塘—日本和印度的調和音樂）

6 Wild Dances and Silent Songs
（狂野的舞及寧靜的歌—心的跳舞）

7 Yoko in Chung Tzu
（洋子在莊子屋—笛子的音樂）

8 In The Garden of the Beloved
（在愛人的花園裡—柔和音樂）

9 Yes to the River
（對河流說是—欣賞音樂）

10 Fragrance of the Rose
（玫瑰的芬芳—柔和音樂，海的聲音）

11 Dancing You Fall in Love
（愛之舞—跳舞的音樂）

12 This！Commentaries of the Bamboo
（竹子的呢喃—靜心，欣賞）

13 Eagle's Flight（老鷹的飛翔—柔和音樂）

14 Ten Thousand Buddhas
（一萬個佛—與大師會合時所奏的音樂）

15 Buddhas Enjoying Freedom
（佛享受自由—較高昂的音樂）

16 Original Face
（原始的臉—令人喜愛的輕音樂）

17 Terra Incognita（活生生的音樂）

18 Oshoba : Zen Anecdotes in Sound
（禪音—與大師會合時所奏的音樂）

19 Shadow of the Pine
（松樹的影子—較高昂的音樂）

20 Step by Step
（一步一步—有活力的音樂，與大師同在）

21 The Awakening（喚醒—有活力的輕音樂）

22 Tea from an Empty Cup / Riding the Bull
（來自空杯子的茶／騎牛—禪宗靜心音樂）

23 Watching the Grass Grow
（看著草成長—柔和的靜心音樂）

24 Just a Glimpse
（只是一個瞥見—用吉他奏出的曲子）

25 Like the Wind in the Trees / Orange Tree
（樹上的風—喜樂的靜心音樂）

26 Ocean of Bliss（喜樂的海洋—欣賞音樂）

27 Flight of the Dawn
（黎明的飛翔—活生生的、發光的音樂）

28 The Master's Garden
(師父的花園—柔和的曲子)
29 Flowers of Silence / Sea and Silence
(寧靜的花朵／海和寧靜)
30 Hidden Harmony (隱藏的和諧)
31 Osho Gurdjieff's Sacred Dances
(戈齊福神聖的舞)
32 Laughing Drum (笑鼓)

二、歌唱音樂帶 (每卷150元)

1 How Beautiful This Mystery
(這個奧秘多麼美—優美歌唱，附歌詞)
2 Love is an Invitation
(愛是一種邀請—音樂及歌唱)
3 Buddha Within (內在的佛—慶祝的歌唱)
4 Mevlana Love Songs (慶祝和愛的歌唱)
5 Salaam Mevlana (蘇菲宗派愛的歌曲)

三、靜心音樂帶 (每卷180元)

1 The Secret of the Golden Flower
(金色花的奧秘—金色光線的靜心，柔和音樂，參看橘皮書 p.29)
2 Dynamic (動態靜心—早上六點的靜心音樂)
3 Kundalini (亢達里尼—下午五點的靜心音樂)

4 Nadabrama / Nataraj （那達布拉瑪靜心；那塔拉吉—跳舞的靜心，橘皮書 p.147 ，p.54）

5 The Science of Hypnosis（催眠的科學—聽音樂和語言的催眠而進入靜心狀態，附中文講義）

6 Mystic Rose Meditation（神秘的玫瑰—大哭大笑的靜心音樂，參看靜心觀照一書第三部分）

7 No-Mind Meditation
（快速亂語的靜心音樂，參看橘皮書 p.184）

8 Chakra Sound （能量中心的聲音—靜心音樂）

9 Chakra Breathing
（能量中心的呼吸—靜心音樂）

10 Osho Past Life Hypnosis
（前世催眠—幫助進入前世的催眠音樂及語言）

11 The Forgotten Language
（被遺忘的語言—催眠的音樂）

12 Gourishankar, Devavani, Prayer
（戈利仙卡靜心，德伐瓦尼靜心，祈禱靜心，橘皮書 p.192, 194 和 188）

13 No-Dimensions （無邊無際）

14 Heart （心脈動的靜心音樂）

15 Mandala / Whirling
（曼達拉／旋轉—靜心音樂，參看橘皮書 p.44 ，138）

16 Evening Satsang with the Master I
（晚上與師父會合的音樂，第一卷）

17 Evening Satsang with the Master II
（晚上與師父會合的音樂，第二卷）

18 Evening Satsang with the Master III
(晚上與師父會合的音樂，第三卷)
19 Evening Satsang with the Master IV
(晚上與師父會合的音樂，第四卷)
20 Evening Satsang with the Master V
(晚上與師父會合的音樂，第五卷)
21 Osho Overtone Chakra Meditation
(奥修泛音能量中心靜心音樂—靜坐可用)
22 Sounds for the Seven Chakras
(七個能量中心的聲音)
23 Body Love(身體之愛—放鬆與催眠的最佳音樂)

四、印度音樂及歌唱（每卷 150 元）

1 Appa Jalgaonkar and Keshav Ginde
(印度樂器演奏)
2 Kalyañji presents: Sadhana and Sonali Vocals
3 Nityananda Haldpur (flute)（笛子的音樂）
4 Ustad Usman Khan (Sitar and Tabla)
(印度西達琴演奏曲)
5 Shahid Parvez (Sitar and Tabla)
(印度西達琴獨奏)
6 Osho Kirtan 1990（慶祝音樂）

五、奧修英語演講錄音帶（附原稿每卷200元）

1 Relationship （附原稿）
2 Trust （附原稿）
3 Richness （附原稿）
4 Witnessing （附原稿）
5 Watching （附原稿）
6 On Death （附原稿）
7 Body Mind （附原稿）
8 Creativity I & II（兩卷）（附原稿）
9 Children（附原稿）
10 Compassion （附原稿）
11 Playfulness （附原稿）
12 What is Love? （附原稿）
13 What is Sannyas (disciple)? （附原稿）
14 The Art of Meditation （附原稿）
15 Psychotherapy and Love （附原稿）
16 Living With Insecurity （附原稿）
17 Hypnosis and Past lives （附原稿）
18 Loving Yourself and Others （附原稿）
19 Meditation, Science and Religion （附原稿）
20 Celebrating Everything （附原稿）
21 Love, Jealousy, and Marriage I & II （兩卷）（附原稿）
22 Seriousness is Sickness （附原稿）
23 Aloneness/Loneliness （附原稿）

24 The Dimensions of Love (附原稿)
25 Vipassana (解釋靜坐的方法) (附原稿)
26 The Inescapable (附原稿)
27 Psychology of the Buddhas (附原稿)
28 I Teach the Whole Man (附原稿)
29 Threapy + Therapist (附原稿)
30 Growing Old-Growing Up (附原稿)
31 Health + Medicine (附原稿)
32 Osho on Education
33 Osho's Work
34 Hassidic Tales (演講和音樂)
35 Priests and Politicians
36 Joy of Meditation (附原稿)
37 The Other....Hell? or Door to the Divine?
(附原稿)
38 Selfishness, Fear, Death & Love (附原稿)
39 Money (附原稿)

奧修「錄影帶」目錄

1 我來到一個成道者的脚下
(I Go To The Feet of the Awakened One)

奧修大師一九八四年三月二十一日成道日的紀念影片。(26分，中文字幕)

2 早上和晚上的靜心

奧修大師在印度普那帶領門徒們做晨間和晚間靜心的實況錄影。(42分，中文字幕)

3 「神祕玫瑰」演講系列之四
講題：放開來——基本原則

奧修大師在印度普那於1988年3月24日晚間對門徒的演講實況。(58分，中文字幕)

4 人類宣言

奧修大師對全世界發表宣言，呼籲世人要覺知，要重視我們現在所處的環境。透過靜心先從個人改變，整個社會就會變得更清明。

(28分，記錄片，國語發音)

5 蘇格拉底再度被下毒

奧修大師在美國被驅逐出境之後，輾轉到了希臘，在希臘遭到迫害時所發表的演說。

(44分，中文字幕)

6 **我把我的夢留給你們(奧修葬禮)**
(30分，中文字幕)

7 **演講帶：主題(A)男女關係(Relationship)**
(B)貪婪(Greed)
(60分，國語配音)

8 **演講帶：主題(A)放鬆 (Relaxation)**
(B)死亡 (Death)
(60分，國語配音)

9 **演講帶：主題：性(Sex)**
(1小時32分，中文字幕)

10 **印象之旅——奧修普那國際社區**
介紹奧修印度社區。
(30分，中文字幕)

11 **英語演講錄影帶**(附原稿) **(兩卷)**
Subject : Love, Jealousy & Marriage
(2小時29分，英語發音)

12 The Rising Moon
奧修早期在印度的演講記錄片。
(34分，英語發音)

(1～9每卷定價 500 元)
(10～12每卷定價 300 元)

德國進口心靈音樂CD

一、CD欣賞音樂(定價每片400元)

1. Garden of the Beloved
   (愛人的花園——柔和音樂)
2. Commentaries of the Bamboo
   (竹子的呢喃——靜心，欣賞)
3. Yes to the River
   (對河流說是——欣賞音樂)
4. Shadow of the Pine
   (松樹的影子——較高昂的音樂)
5. Ten Thousand Buddhas
   (一萬個佛——與師父會合時所奏的音樂)
6. In Wonder(在驚奇當中——欣賞，歌唱)
7. Tao Music, Vol.1
   (道的音樂，第一卷)

二、CD靜心音樂(定價每片400元)

1. 動態靜心(Dynamic——早上六點的靜心音樂)
2. 亢達里尼靜心(Kundalini——下午五點的靜心音樂)
3. 能量中心的呼吸(Chakra Breathing)
4. 能量中心的聲音(Chakra Sound)

5 那達布拉瑪靜心(Nadabrahma)
6 那塔拉吉舞(Nataraj——跳舞的靜心)
7 無邊無際(No-Dimension)

三、新地球音樂CD(定價每片400元)

1 太陽的鏡子(Mirror of the Sun)
2 現在(Now)
(印度笛子大師，融合印度與歐洲的風味)
3 這裡(Here)
(印度笛子大師，融合印度與歐洲的風味)
4 道的滋味(A Taste of Tao)
5 玫瑰・水・月亮(Rose Water Moon)
(佛的冷靜和溫和)
6 跳舞河流的故事(Tales of a Dancing River)
7 部落的聚會(Tribal Gathering)
8 靜心的羅曼史(Meditative Romance)
9 彼岸(Beyond)
10 沒有目標只有途徑(No Goal But The Path)
11 科拉色彩(Kora Colors)
(世界音樂——非洲的豎琴和韻律)
12 永恆之門(Door of Eternity)
(白色天鵝飛翔的神聖聲音)
13 求道者(Seeker)
14 心對心(Heart to Heart)

丹麥進口心靈音樂CD

(定價每片400元)

1 內在的收穫(Inner Harvest)
(滋潤身體和靈魂的優美音樂)
2 吻著森林(Kiss the Forest)
(將你帶入神秘夢境的音樂)
3 禪的升起(Zenrise)
(吉他音樂——心靈提升)
4 按摩的音樂(Music for Massage)
(靜心和按摩用的音樂)
5 太空走路(Skywalk)
(吉他、笛子——恢復新鮮)
6 旅程(Journeys)
(进出生命和創造力的音樂)
7 月水(Moonwater)
(跳舞的音調漂浮在柔和的韻律中)
8 內在的心流(Notes from the Inner Stream)
(柔和、漂浮、深深地放鬆)
9 森林散步(Forest Walk)
(安撫和放鬆的音樂)
10 溫和的火(Gentle Fire)
(柔和音樂，適合睡覺之前聽)
11 森林小溪(Woodland Stream)
(水聲、鳥叫聲、大自然的聲音)
12 海浪聲(Ocean Waves)
(回歸自然，舒緩神經)
13 自然之道(Nature's Way)
(以大自然聲音爲背景的特別推薦曲)

14 來自彼岸的歌(Songs from the Beyond)
(優美的旋律，聲波吉他獨奏)

15 心之光(Light at Heart)
(吉他音樂，將喜悅、快活和無爲帶入心田)

16 心靈(Spirit)
(帶你進入放鬆的親密氣氛，解開工作壓力)

17 藍色世界(Blue World)
(這是常會浮現於心中的柔和旋律)

18 飛翔的夢(Flying Dreams)
(喜悅，提昇精神，新時代的古典音樂)

19 太陽之旅(Journey Towards the Sun)
(溫和而有力，心靈治療，擴展愛和提昇覺知)

20 手(Hands)
(最佳的心靈治療音樂)

21 平衡(The Balance of Gaia)
(這個音樂的美在於喚醒你跟內在美的連繫)

22 叮！(Ding)
(單純，天眞氣氛下的優美旋律)

23 慶祝的時光(Times of Celebration)
(輕快、高雅的鋼琴獨奏)

24 樂奎安(Locrian Arabesque)
(由種種音樂啓發出的有活力、透明的聲音)

25 北極光(Arctic Light)
(以優美的光和狂野的大自然爲背景的音樂)

26 餘波(Aftermath)
(在無時間的氣氛下，融合中古和現代的音樂)

27 歸於中心(Centering)
(靜心，漂浮於柔和的氣氛之中)

奧修心靈系列

1	道之門	定價200元
2	從性到超意識—到達眞愛的旅程	定價180元
3	沙的智慧	定價250元
4	奧秘之書（第三卷）上冊	定價200元
5	奧秘之書（第三卷）下冊	定價200元
6	草木自己生長—禪的眞髓	定價200元
7	瑜伽始末（第一卷）	定價250元
8	橘皮書—奧修的靜心技巧	定價200元
9	女人與婚姻	定價200元
10	成道之路（吠檀多）（上冊）	定價220元
11	成道之路（吠檀多）（下冊）	定價220元
12	智慧金塊	定價200元
13	當鞋子合脚時—莊子的故事	定價250元
14	生命、愛與歡笑	定價150元
15	靜心冥想—狂喜的藝術	定價240元
16	密宗譚崔的精神與性	定價180元
17	信心銘—禪宗三祖僧璨眞言	定價280元
18	般若心經	定價280元
19	老子道德經（第二卷）	定價250元
20	靜心觀照—修行的指引	定價320元
21	奧修傳	定價200元
22	白雲之道	定價280元
23	佛陀法句經（第一卷）	定價280元
24	金錢與工作—新人類的生活觀	定價150元
25	老子道德經（第一卷）	定價280元
26	奧修占卜卡	定價480元
27	死亡的幻象	定價180元
28	金剛經	定價300元
29	新人類—未來唯一的希望	定價200元
30	放輕鬆些！——休禪詩（第一卷）	定價300元
31	放輕鬆些！——休禪詩（第二卷）	定價240元
32	莊子—空船	定價360元

奧修心靈系列

生命·愛與歡笑

生命——不應該只是變老，它必須成長。

愛——是你生命的歡舞！去愛就是去經驗你本身內在最美的空間。

歡笑——帶來力量，笑從你內在的泉源引出一些能量到你的表面，能量開始流動。笑和祈禱一樣神聖。

定價150元

當鞋子合脚時

—莊子的故事—

在我們進入莊子的故事之前第一件要了解的事就是：成爲自然的。任何不自然的事都必須避免，不要做任何不自然的事，只要自然就夠了，你無法對它加以改善……一旦你努力去改善自然，它就喪失了——那意味著你試圖去改善神……莊子不贊成如此，他說自然就是最終的，而那個最終的自然，他稱之爲「道」。

定價250元

奧修心靈系列

靜心觀照

—修行的指引—

暴力有一個內在的過程，它只能夠當你不覺知的時候才存在，你的覺知會改變整個事情。如果你是覺知的，你不可能是暴力的。暴力、憤怒、性、或任何一個人想在行爲中改變的事要存在的話，一定要不覺知。事實上，罪惡只不過是一個無意識的頭腦。

定價320元

老子道德經

（第二卷）

當我談論老子，就好像我在談論我自己，我的存在跟他的存在合而爲一；當我談論老子，就好像我在看著一面鏡子，我的臉被反映出來；當我談論老子，我完全跟他在一起，即使說「我完全跟他在一起」也是不對的，我就是他，他就是我。

定價250元

奧修心靈系列

新人類

新人類並不是來自另外一個星球的人，新人類就是處於新鮮狀態下的你，新人類就是當你的心寧靜時的你，當你處於深度靜心狀態下的你，當你處於很美的愛的空間時的你，當你處於喜悅的歌唱時的你，當你處於狂喜的跳舞時的你，當你愛這個地球時的你。

定價200元

金剛經

我喜歡佛陀，因爲對我來講，他代表了宗教的主要核心，他所提出的並不是宗教，而是宗教性，這在人類意識的歷史上是一種很大的徹底改變。其他各種宗教的創始者，其他成道的人，都跟他們的群衆妥協，而佛陀保持不妥協，因此他是非常純粹的。他不去顧慮你能夠了解什麼，他只顧慮眞理是什麼。

定價300元

奧修心靈系列

金錢與工作

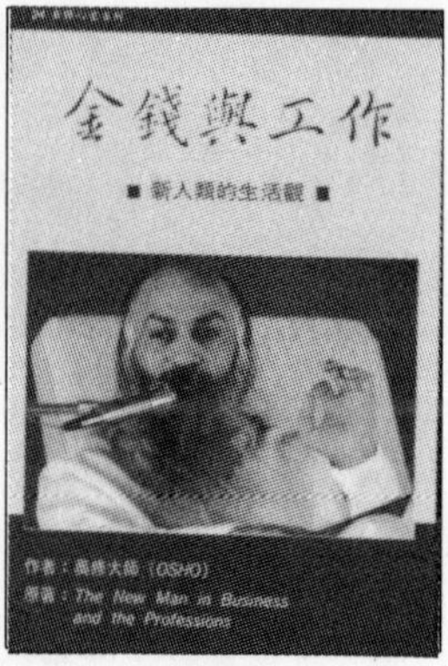

金錢能夠給予一切外在的東西，但是金錢無法給你愛，如果你要求它給你愛，那麼你就是對這個可憐的金錢期望太多了。

工作具有它本身的實用價值，但是只有實用價值，它不能夠成為你生命的一切。

定價150元

女人與婚姻

目前的社會是由男性所創造出來的，它在傳統上總是有意無意地壓制了女性，奧修以他成道的智慧來替女人澄清傳統上的錯誤，他的目的在於真正解放女性，他認為女性應該發展她們自己的特質，而不是跟男人競爭。

定價200元

奧修傳

作　者：奧修門徒　沙特亞·維旦特
譯　者：謙達那
發行人：林國陽
美　編：點石工作室·黃慧甄
校　對：德瓦嘉塔
出版者：奧修出版社
台北市臨沂街33巷4號2樓
電話：(02) 395－1891
傳真：(02) 396－2700
登記證：局版臺業字第5531號
劃撥帳號：12463820
帳戶：林國陽
總經銷：學英文化事業有限公司
總公司／台北縣新店市中正路四維巷2弄5號5F
電話：(02) 218－7307（代表號）
傳真：(02) 218－7021
台中分公司／台中市雙十路2段48巷31號
電話：(04) 235－6247
傳真：(04) 230－7867
高雄分公司／高雄縣鳳山市瑞中街174巷7號
電話：(07) 703－4013
傳真：(07) 701－2400
劃撥帳號：05786905
帳戶：學英文化事業有限公司
印刷所：世和印製企業有限公司
初　版：1993年7月
三　刷：1995年9月

定價：[redacted]元

ISBN 957－8693－22－2

國立中央圖書館出版品預行編目資料

奧修傳／奧修門徒原著；謙達那譯，——
初版；——臺北市：奧修出版；〔臺北縣〕
新店市：學英總經銷，1993〔民82〕
面；　公分，——(奧修心靈系列；21)
譯自：The awakened one：the life and
work of Bhaswan Shree Rajneesh
ISBN 957－8693－22－2 (平裝)

1. 奧修(Rajneesh, Bhagwan Shree, 1931-)
傳記

783.718　　　　　　　　　　82005320